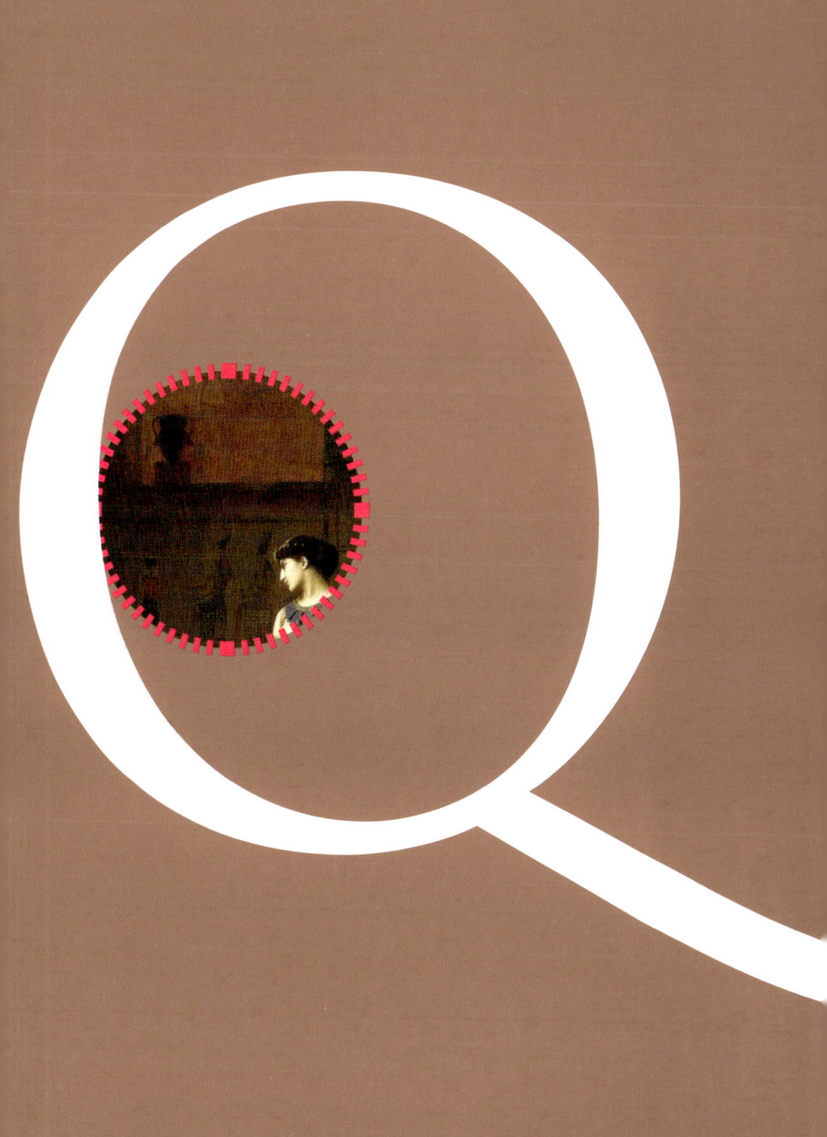

Manfred Clauss

埃及艳后

克利奥帕特拉

KLEOPATRA

〔德〕曼弗雷德·克劳斯 / 著

王瑞琪 / 译

SSAP 社会科学文献出版社
SOCIAL SCIENCES ACADEMIC PRESS (CHINA)

Contents /

前 言

埃及的“历史”从克利奥帕特拉开始：“克利奥帕特拉”是19世纪20年代末，人们从菲莱城（Philae）一座方尖碑上的象形文字中破译出的第一个埃及单词。

克利奥帕特拉！她的名字已成为一个传奇，尽管（确切地说是因为）我们对她几乎一无所知。古代的记载可以证明，埃及女王介于两个极端之间：一方面，她是统治者，知道如何充满力量、重点推行她的政策；另一方面，她是爱着别人的人和被爱的人。以上这些都是男人的证词，显示了女人美丽的两面性，关于这一点，女性话题的研究者知之甚多。

克利奥帕特拉非同寻常，神秘莫测，她在很大程度上超出了人们对她的评判。和亚历山大大帝一样，她几乎对每一代人都产生了神奇的影响。克利奥帕特拉的每一个故事都是由百分之十的事实和百分之九十混合了传说、象征和愿望的部分组成的。

克利奥帕特拉的故事是由男人决定的，既有活生生的故事，也有被讲述的故事。虽然她是一个独立地区的统治者，但她不能独立行事。是男人们替她做了决定，在他们看来，她只是众多棋子中的一枚。因此，恺撒、屋大维和安东尼在接下来的正文中也常被提及，他们的政治或生活也与克利奥帕特拉有些许关联。

值得注意的是，在恺撒死后的权力斗争中，对于安东尼和屋大维来说，没什么比罗马帝国更重要，克利奥帕特拉是这两个罗马人都渴望得到的对象。两人都想要埃及的财富和权力，而克利奥帕特拉正是这些的象征，安东尼还对她投入了很多私人感情。正是在这些私人关系中，克利奥帕特拉试图对安东尼施加影响，当然在政治方面也是如此。由此，她完全陷入罗马内部的权力斗争中，最重要的是，她陷入了宣传纷争的旋涡中。

在这类宣传战中，谁更占理并不重要，相反，其目的都是煽动情绪。安东尼的反对者们把他的命运和克利奥帕特拉的命运越来越紧密地联系在一起，这为他们提供了一条针对埃及统治者的完美的证据链。她给屋大维和罗马贵族提供了两个攻击点：她是一个女人，而且是个外域者。几个世纪以来，人们对这两个“方面”都有偏见，而这些偏见恰恰集中在克利奥帕特拉身上。女性这一方面最终归结为粗鄙的性暗示，外域者这一方面最终归结为意识形态上的不可理喻。克利奥帕特拉最终屈服于屋大维，因此他的观点也决定了故事的走向。赢家只需用他们想要的方式讲述故事。

罗马战胜者的视角在中世纪和现代艺术家的作品中，以及科学中都有体现。现代历史学家则往往坚持这样的观点：古代作者在修饰中夸大了事实，但在历史上一定有“真实”的东西。很明显，这种声明根本没有说明任何问题。这句话的前半句和后半句都没有发挥出真正的求实作用。在阐释心理的过程中，历史学家往往透露了更多关于克利奥帕特拉本人的信息，而非从埃及女统治者的角度出发。无论如何，历史真相的还原都因其原本的情形、古代的证据而困难重重。

也许写一本偏袒克利奥帕特拉的书会有所帮助，就像任何历史记录都不能避免在某种程度上的主观一样。

第一章 埃及—托勒密王朝—亚历山大港

古埃及于公元前3200年前后建立了王国，成为世界上最早的庞大王国之一。曼涅托（Manetho）——托勒密二世［费拉德尔甫斯（Philadelphos）］时期的一位古埃及祭司——将古埃及历史分为由法老统治的三十个王朝，并据此写成了三卷史书。在写到第二十七个王朝时，曼涅托提及了公元前525年到前404年统治古埃及的波斯国王。在此后的三个王朝，埃及人重新掌握统治权，直到公元前343年内克塔内布二世统治的终结。波斯人重新征服了古埃及，并将之变成一个对波斯帝国有纳贡义务的行省。内克塔内布二世则从波斯人手中逃脱，在努比亚省（Nubien）的某处销声匿迹。古埃及传说将内克塔内布二世视为“法老亚历山大”（后世所称的亚历山大大帝）之父：内克塔内布二世通过魔力吸纳了宙斯—阿蒙（Zeus Ammon）的形象，并以这个形象与亚历山大的母亲结合。这些传说也因此让入侵者亚历山大得到了埃及人的宽宥——他战胜了驱逐法老的波斯人。从亚历山大大帝时期的将军托勒密开始，直到克利奥帕特拉七世（埃及艳后）自杀，马其顿国王对埃及的统治长达三百年。

埃及的统治者自古以来便是世界上最富裕的人。托勒密二世在位时，忒俄克里托斯（Theokrit）在他的赞歌中带领读者遍览国王统治下的埃及全貌并写道（*Idylle* 17，95）：“在财富上，他（埃及国王）与其他国王的总数相当。”这巨大的财富是一份礼物，是慷慨的尼罗河的馈赠，它年复一年地按照节律近乎有条不紊地流过河床，灌溉了田地，并以水中的泥浆滋养了田地。埃及，也是尼罗河的化身。

为使尼罗河的泥浆能够滋养每一寸土地，开挖河道并对其进行定期的维护和清理是必不可少的。严苛的管理机制控制着对土地的耕作，也剥削了人。官员从各方面操控着大量的农民，其中一名官员曾骄傲地指出作为管理者的功绩（*Papyrus Lansing*, 7）：“未受过教育的人等同于驴，充当运输工具，会写字的人则操控、驱赶着这些具有耐心的动物。”劳作和服从，就是农民的任务。“没有人有权利做自己想做的事，但是一切都是最好的安排。”一名高官在指挥时如是说（*Papyrus Tebtunis*, 703，第 230~232 行）。

越是规划得有条不紊，能被尼罗河的泥浆滋养的区域便越广阔。国家的收成以及最终国王的收益都依赖于此，因为所有的土地都归国王所有。埃及的农民开垦土地，国王在每一寸土地上都能得到收成。这些收成（尤其是粮食），最终由统治者以毫无竞争力的低价推向世界市场。

恺撒自称从高卢征税 4000 万赛斯特斯（Sueton，*Caesar* 25，1）。在埃及，托勒密十二世时期的统治者（见第二章）每年能征收 12500~14000 塔兰特的税（Cicero，据 Strabo

17，1，13），这几乎是恺撒所征得税额的八倍［1塔兰特 =6000 德拉赫马（Drachmen）≈ 6000 第纳尔（Denaren）=24000 赛斯特斯（Sesterzen）］。

后期由克利奥帕特拉七世执政的王朝，从建立到壮大历经三代国王，历时一百余年。托勒密一世［索特（Soter），人称“救主”］为拉古斯（Lagos）之子，在亚历山大大帝死后建立了新王朝（公元前 323~ 前 283 年）；托勒密二世（人称“与姐姐恋爱的人”），壮大了王国（公元前 283~ 前 246 年）；在托勒密三世［奥厄葛提斯（Euergetes），人称“施主一世”］的统治下，托勒密王朝达到鼎盛（公元前 246~ 前 221 年）。

对于古希腊人和古罗马人之间的龃龉，托勒密王朝长期以来都置身事外。不过，到了公元前 2 世纪，这种情况已不能继续维持。从托勒密六世［菲洛梅托（Philometor），人称“笃爱母亲的人”，公元前 180~ 前 145 年］开始，埃及就已成为古罗马的“客人”。并且，此后每一位皇位继任者都极有可能为了埃及能成为“古罗马人民的朋友和盟友”而努力。对于古罗马人来说，这个国家的财富便是其干涉埃及内部利益的充分理由，而托勒密王朝显然想阻止这样的局面形成。《马加比一书》的佚名作者这样评价这个时代（此评价并非仅仅针对埃及，1. *Makkabäer* 8，13）："所有受助于罗马的人，以及罗马人所希望的统治者，执行着统治；而罗马人不希望的，则由罗马人终结。"托勒密王朝就属于第一种情况，荒谬之处在于：正由于古罗马人长期直接征用埃及的财富，埃及才得以幸免，因为再没有第二个国家能给古罗马带来如此丰厚的"赃物"。

正如托勒密一世成功地在他建立的王朝开启新的统治，其继任者也有意凸显统治的神圣性。托勒密二世强化了人们在日常生活中对于王朝的狂热崇拜，尽管在后期几代国王的统治下局势渐颓，但民众对于王朝的崇拜却始终如一。托勒密二世将其去世的父亲尊为"救主"，并为他修建了一座庙。母亲死后，托勒密二世将双亲尊为"救主"。接下来，他又发起了对"姐弟神"的狂热崇拜，以此赋予他的亡妻以及他自己生年时神圣的尊荣。

这种狂热崇拜最直观、最广为人知的表现形式是“托勒密节”（Ptolemaia），这是一个盛大的民俗节日，每四年举办一次，同时彰显了统治者显赫的地位。历史上留下了关于公元前271年或公元前270年节日庆贺的记载，空前的盛况让读者叹为观止（Athenaios 196a~201f）。来自世界各地的观众集聚亚历山大港，6000人拿着画作坐在节日花车上，57000名步兵、23200名骑士和上千头牲口从观众身旁走过。1600名男孩穿着白色的节日盛装，拿着从皇家宝库中取出的华贵的全套装备：250只金壶和400只银壶，320只金制的和630只银制的冰鉴，以及300件以不同颜色绘就的乐器。这一记载的高潮是对酒神狄俄尼索斯（Dionysos）的描绘：在一部7.70米长、4.40米宽的车上展示着一幅高4.50米的画作，画面中，酒神穿着以金线绣成的紫色长衫。180名男子拉着这部载有酒神的车，而酒神正从一个600升容量的金制酒器中分发葡萄酒。这一系列宏伟的场景最终以一顿晚宴告终，为了这顿晚宴，人们须宰杀2000头牛。而上演这一幕幕场景的舞台，便是

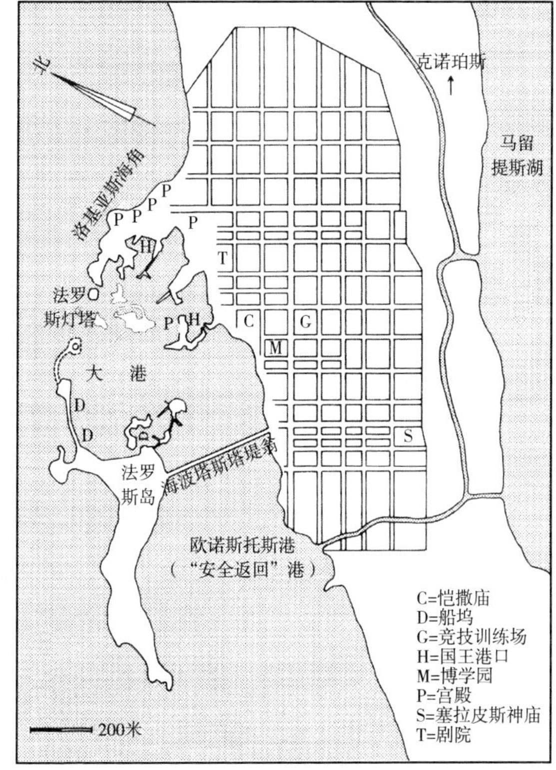

图 1　亚历山大港

这个王国的都城：亚历山大港。

一名公元前 1 世纪 50 年代的参观者写道：亚历山大港的美丽、辽阔、富裕、舒适和奢华将其他城市远远甩在身后（Diodor 17，52，5）。有什么能比一个发脾气的小男孩写给父亲的信更好地表达人们对于一览这座“城中之王”的渴望呢？他稚嫩的语言毫不影响对愤怒的表达（Joachim Hengstl, Griechische Papyri aus Ägypten, München 1978, Nr.82）：“你没有带我一同去‘城里’，这实在是‘太棒了’！如果你不带我去亚历山大港，我将不再给你写信，不再与你说话，也不再祝你身体健康；如果你去亚历山大港，我将不再牵你的手，不再问候你。如果你不带我去的话，我真的会这样做！”

就连罗马——当时地中海地区的权力中心，在文明和文化方面都逊色于亚历山大港。当罗马还在盛行砖瓦结构时，用大理石建造的华丽的埃及官邸即已引人注目。宏伟的寺庙、宫殿、石柱长廊、雕塑和喷泉围绕着30米宽、相互交错的两条街道。近1.5公里长的海波塔斯塔堤翁（Heptastadion）石坝连接着陆地和法罗斯岛（Pharos），岛上伫立着130米高的同名灯塔，这是亚历山大港的标志（见图1），被当时的人誉为世界奇迹，同样享有盛名的是博学园（Mouseion）中托勒密王朝耗时两世纪构建的宏大的图书馆。这座图书馆通过近五十万卷莎草纸文本承载着古典时期的文献。由此，亚历山大港在知识方面也超越了其他世界名城。除了图书馆之外，这座城市还拥有最好的科学学院、天文台、植物园和动物园，这吸引了当时最为杰出的学者。许多学生因仰慕这些学者而来到此地，菲罗塔斯（Philotas）就是其中一员，他是普鲁塔克（Plutarch，见第十章）家族的朋友，在亚历山大港学习医学。

亚历山大港与数学、天文学、博物学、医学、地理学和语言学等领域的著名人物都有关联：欧几里得在这里写出了有关基础数学的著作；阿利斯塔克发现了地球围绕着太阳转；克特西比乌斯研究气压，研制出压缩空气的弩炮；赫洛菲洛斯解剖了人类尸体并对神经系统进行检查；埃拉托色尼测算了地球的周长。在亚历山大港，人们将伟大的古希腊作品汇集在一起，并精心进行了编辑。

国王的宫殿和花园坐落于亚历山大港的海边，拥有自己的港口，形成了一个属于自己的“城市”。随着时间的推移，庞大的宫殿建筑群越来越深入城市；最初它只占城市面积的五分之一，最终扩大到三分之一。富丽堂皇的建筑、豪华贵气的陈设和郁郁葱葱的公园被认为是王权的缩影。托勒密的墓地在亚历山大的墓地附近，让人们对这位世界前统治者的记忆得以延续。

还有另一个地方名为亚历山大，即克诺珀斯（Kanopos）郊区，在一条穿过居民区的水渠尽头。它原本是萨拉匹斯神的圣地，但实际上却成为世界上最大的娱乐胜地，想要玩乐和纵情享受的人纷纷前往克诺珀斯。那里有美食餐厅和妓院，可以提供各种口味和价位的食物和服务。在这里，富人以惊人的价格选取他们的女舞伴和男伴，恺撒也是如此，据说他拒绝向监察官透露这些巨款的数额（Sueton，*Caesar* 47）。从大舞台到庸俗的巡回表演，这里处处有舞蹈，处处有演出。不知道克诺珀斯的人就不了解生活！没有去过亚历山大的人对这个伟大世界的欢乐就一无所知！

第二章　童年和青年时代

克利奥帕特拉七世出生于公元前69年底，是国王托勒密十二世的女儿。人们称托勒密十二世为“吹笛者”，因为他热衷于用长笛为合唱队伴奏。

埃及统治者名后的编号是现代才加上的，因此托勒密王朝的统治者编号存在误差。经研究，托勒密·尼奥斯（“笃爱父亲的人”，公元前145~前144年）因成为其父亲托勒密六世（公元前180~前145年）的继任者而为人熟知，并冠以托勒密七世的名号；此后，托勒密王朝的编号基本标准化。然而，就在最近，托勒密七世这个说法再次受到质疑，并已致使一些研究者重新对托勒密王朝的执政者进行编号。但即使在更早的研究中，也有足够多的名字与在这里使用的不同，这些命名也涉及克利奥帕特拉的兄弟和孩子们。如果算上她的父亲（本文就是如此），即托勒密十二世，那么她的大弟是托勒密十三世、二弟是托勒密十四世，她的儿子恺撒里昂是十五世。在对女性统治者进行编号时，也有类似差别。

我们对克利奥帕特拉的童年一无所知，甚至不知道她日常的和称王前的预兆——这本是体现伟人价值的独特现象。在这方面，罗马人对记忆的毁灭，也就是对记忆的根除，是彻底的。我们不知道谁是她的母亲，也不知道谁是后来出生的兄弟姐妹的母亲。据推测（仅仅是推测），即使这不完全是空穴来风——托勒密十二世和一位来自“顶级”圈子的埃及女子结婚，她来自孟菲斯的大祭司家庭，其家庭成员喜欢将自己描述为“埃及的大贵族”。

克利奥帕特拉可能就是在这种关系（虽然不是婚外关系，但从希腊人的角度来看并不合法）中登场的。这样的出身会让我们更容易理解这个事实：克利奥帕特拉不仅能说一口完美的希腊语，而且与在她之前登上王位的人不同的是，她还会说流利的埃及语，这是她的“母”语。我们可能会在稍晚时期的犹太预言家语录中找到她埃及出身的后续影响，语录中提到的克利奥帕特拉的死亡并非与亚历山大港这个希腊的焦点相关，而是与孟菲斯这个埃及的缩影相关（*Oracula Sibyllina* 5，16－18 = 12, 20－22）。

普鲁塔克的家族中流传着关于克利奥帕特拉宫廷事务的口头传说，他写道（Antonius 27, 4）：此外，克利奥帕特拉还善于用埃塞俄比亚人、犹太人、阿拉伯人、叙利亚人、米底亚人、帕提亚人，甚至是阿拉伯海湾上的穴居人的语言来表达自己的观点。根据普鲁塔克对克利奥帕特拉的描述，我们勾画出这位埃及女统治者的形象，但与其他罗马作者笔下的形象大相径庭（见第十三章）。也许这才是女王本人的真面目，而为爱痴狂的女人形象是夸张描写。

在克利奥帕特拉去世后的两个世纪里，希腊东部的人写了许多关于她的文学作品，这意味着人们对她的兴趣是多方面的，就算以她的口吻写一本美妆方面的书也不足为奇；同时，她也被认为是测量、重力、铸币、妇科和炼金术等方面相关著作的作者。一位不知名的作家在写下克利奥帕特拉和哲学家之间一段虚构的对话时，把她定为主角。在10世纪，阿拉伯作家阿尔马苏迪（Al-Masudi）将她描述为最后一位重要的希腊统治者［《淘金书》（*Les prairies d'or*），hrsg. v. Charles Pellat, Paris 1962/65, Kap. 27］：“她是一位精通科学的统治者；由于热爱哲学，她把思想家视为自己最亲密的朋友。她是医学、巫术和其他自然科学领域著作的作者。”克利奥帕特拉不仅在科学上积极参与，还被认为是工程技术发展的主要推动者。按照公元4世纪罗马史学家马塞林（Marcellinus）的说法，她是法罗斯灯塔的建造者（22，16，9），尽管他推算的这座建筑的落成时间比实际晚了200多年。

埃及女王长什么样？铸币上展示的是怎样的形象？克利奥帕特拉是托勒密王朝第一个将自己的名字和肖像铸刻在货币上的女性。我们总共确认了两种类型的肖像，根据造币地点的不同，分别叫作亚历山大式和叙利亚—罗马式。

亚历山大式（见图 2a）确定起源于埃及政府执政的头几年，当时埃及女王最多只有 20 岁。这个肖像保留了多年，并没有随着女王年龄的增长而进行大的调整，这种做法对于古希腊铸币上的肖像来说并不罕见。一幅肖像和它被创作的时间间隔越大，与现实不符的可能性就越大，尽管艺术家努力使它接近现实。我们可以预见，这种亚历山大式铸币的肖像在后期会因过于年轻而显得被美化了。

相比之下，叙利亚—罗马式（见图 2b）是在公元前 36 年前后出现的。这位女法老的脸随着年龄的增长而显得更加刚毅。与此同时，罗马铸币模的工艺也起了作用，工人们有意识地严格塑造面部特征。因此，比起青春，叙利亚—罗马式铸币的肖像强调的是克利奥帕特拉的年龄。

在亚历山大式铸币上，克利奥帕特拉除了绑着王冠发带之外，只戴着一条项链或耳朵上的一颗珍珠，没有其他珠宝。叙利亚—罗马式铸币上的女王戴着王冠和用珍珠装饰的发网。

a. 亚历山大式　　b. 叙利亚—罗马式

图 2　铸币上克利奥帕特拉的肖像

她有时会在肩上披一件华丽的披风，披风的两角装饰有连接着几条珍珠链的硕大的搭扣。

两种肖像皆受上述条件的影响，和相机拍的照片存有偏差。现在（男）人们应避免评论克利奥帕特拉是否漂亮。“她的美貌本身并非无与伦比，不可能仅仅被她的外表所吸引，”普鲁塔克（*Antonius* 27）说，“然而在谈话中，她散发着不可抗拒的吸引力。她说话的魔力，她整个人精神上的优雅，使她的魅力犹如一根刺，深深地刺进了灵魂。”那时候，显然只有少数女性懂得如何聪慧地与人交谈。她的演讲，她闲聊时透出的幽默，她的智慧和表演才能提升了她的吸引力和女性魅力。“倾听她的声音也是一种享受，”普鲁塔克继续说，“她的舌头像一把万能的古琴；因为她精通的每一种语言都同样完美。”

埃里希·卡斯特纳（Erich Kästner）曾开过20世纪一些人的玩笑，他们在研究中发现恺撒的脚是扁平足，卡斯特纳夸大了这一点。除了这类讽刺之外，一些研究者还根据铸币上的肖像刻画克利奥帕特的病态形象和性格，并根据她的祖先计算她马其顿、波斯和希腊血统的比例，并根据这些血统占比合成她的性格特征。

克利奥帕特拉的父亲托勒密十二世，由于亚历山大港内乱而不得不逃离埃及。他去罗马是因为他希望能够在罗马军队的支援下返回亚历山大港。公元前59年，他通过向恺撒和庞培支付巨额货币得到认可，据说，托勒密十二世曾许诺支付他们两人6000塔兰特。因此，在经历了由恺撒引起的漫长的国内政治纷争之后，元老院与罗马公民做出了令人难忘的决议，宣布放弃对埃及的吞并，并将托勒密十二世视为“罗马人民的盟友和朋友”。克利奥帕特拉曾陪同父亲前往罗马，当在雅典时，雅典人对“努比亚国王的11岁女儿”赞赏有加，她当时刚为已故的乳母竖立了纪念碑［*Inscriptiones Graecae* 33, 1309 = Adolf Wilhelm, *Annuaire de l'institut de philologie et d'histoire orientales* 2，2，1934（Mélanges Bidez），1007］。根据年龄推算，这可能说的就是克利奥帕特拉。

托勒密不得不逃离亚历山大港，一些亚历山大人希望他已经死了。当奥勒忒斯在罗马的消息传到埃及后，亚历山大港派了近100人前往罗马，针对奥勒忒斯的指控为亚历山大人辩护，同时对这位国王提出控诉。奥勒忒斯通过杀戮、恐吓或贿赂其中部分人来解决这个问题。即使在罗马，这桩丑闻的规模也被认为是非比寻常的，所以元老院对此进行了调查，然而，由于大量的贿赂，调查再次无果而终。但最后老天给出了回应：一道闪电击中了位于阿尔班山上的朱庇特雕像，这被认为是众神不满的表现。

另外，有一则神谕同时在罗马广为流传（Cassius Dio 39，15，2）：“当埃及国王来请求帮助时，你不应该拒绝他的友谊；但你不能出兵支援他，否则你会受尽艰难险阻。”当罗马还在没完没了地讨论奥勒忒斯应该由庞培还是其他统帅带回埃及时，奥勒忒斯去了以弗所的阿耳忒弥斯神庙。在这里，他希望能够说服总督加比尼乌斯（Gabinius），（同样通过钱）把他带回亚历山大。

他的大女儿贝列尼凯（Berenike）此时正坐在王位上寻找一名合适的丈夫。第一位候选人是托勒密家族的成员，自公元前 75 年起就在罗马，是奥勒忒斯的表亲。在罗马，有人支持贝列尼凯和他成亲，但他在此事结束前就去世了。

下一位候选人是另一个继任竞争者塞琉西家族的成员，即腓力二世，最后一个塞琉西统治者腓力一世的儿子，被庞培赶下了王位。罗马的叙利亚总督加比尼乌斯反对这桩婚事，因为这侵犯了罗马的利益。对这个年轻人来说，罗马人的否决是具有决定性意义的。

再下一位候选人终于成为贝列尼凯的丈夫，这是一个非常特别的人物。据说他也是塞琉西人，然而引人注目的是他有失教养的举止。亚历山大港人称他为“咸鱼商贩”，几天后贝列尼凯就将他杀害了。

当叙利亚总督加比尼乌斯准备帮助奥勒忒斯恢复在亚历山大港的统治时，贝列尼凯正在寻觅她的“第四号”丈夫候选人，并发现了阿基劳斯（Archelaos），他是安东尼的老朋友，冒充为本都的米特里达梯斯之子。阿基劳斯和奥勒忒斯都曾用巨额财富贿赂过加比尼乌斯，而后者是两者中比较成功的。亚历山大港最终在公元前55年被加比尼乌斯征服，他的追随者中就有时年27岁的安东尼。他在突袭中拿下了贝鲁西亚，从而影响了贝列尼凯的命运。当然也多亏了他，奥勒忒斯才将他的对手，尤其是亚历山大港人的报复控制在一定范围内。然而，奥勒忒斯杀死了他的女儿贝列尼凯和一些富有的亚历山大港人，因为他再次急需要钱。他任命罗马主债权人拉比里乌斯（Rabirius）为财务大臣，并以财产受托人的身份又执政了四年。

据说在亚历山大港，安东尼看到一个14岁的女孩，她将在未来改变他的命运。正如阿庇安（Appian）所写（*Bürgerkriege* 5，8）的，安东尼当时就被克利奥帕特拉的美貌所打动。古代的人们也喜欢用这种方式编织爱情故事。

第三章　皇位之争

克利奥帕特拉终年39岁，统治了将近22年。她父亲有五个孩子，他们在追求政治目标和权力时都表现出个人的勇气、毅力和坚韧。这些孩子都不是自然死亡的。最年长的贝列尼凯在她父亲被流放期间担任统治者，并在父亲回国后被处决。当奥勒忒斯在公元前51年2月或3月去世时，还有四个孩子活着，即克利奥帕特拉七世（时年18岁）、阿西诺伊四世（时年约15岁）、托勒密十三世（时年10岁）和托勒密十四世（时年8岁）。

这位“吹笛者”留下了一份遗嘱，将备份分别存放在罗马的庞培和亚历山大港，并将王位分给了他的长女和长子。他一本正经地以神的名义以及神与他签订的契约向罗马人施压，以保证他的孩子继承王位（Caesar, *Bürgerkrieg* 3, 108, 3）。罗马将军加比尼乌斯为奥列忒斯的两个孩子加冕。分享统治权的决定可能是出于这样一种考虑，即忽视克利奥帕特拉是不合理的，但也不应该让一个女人独自统治。克利奥帕特拉和托勒密十三世按照那个时代的习俗结婚了。在贵族家庭中，人们往往渴望门当户对的婚姻，托勒密王朝也是如此。唯一合适的妻子人选只能是王室公主，甚至是国王的女儿。另一种选择是兄弟姐妹相互结婚（参见第一章托勒密二世的别称），克利奥帕特拉和她的弟弟也这样做了。

克利奥帕特拉称自己为“父亲的情人”，为的是连上她父亲的外交政策战线，并与姐姐贝列尼凯的目标划清界限。当然，也出于宣扬自己的意图，克利奥帕特拉将她执政的第一年与她已故的父亲执政的第三十年相提并论，官方记载其执政日期开始于公元前 52 年 9 月 5 日。她所戴的埃及王冠，是最古老的王冠之一。

当克利奥帕特拉登上王位时，托勒密王朝似乎走到了尽头。叙利亚、昔兰尼和塞浦路斯等重要领土失守。当“吹笛者”沦为罗马人的仆人时，王室的尊严降到了最低点。埃及几乎成了罗马的一个省。然而，克利奥帕特拉做了处于同样地位的男性统治者可能做不到的事情：她在与罗马将军的对抗中，使埃及保持了独立。

然而，亚历山大港人首先看到的是王室子女间的又一次较量，这在他们一起登上王位后即开始了。公元前51年，也就是他们共同执政的第一年，在底比斯南部的荷蒙蒂斯（Hermonthis），布希斯神牛死去了，人们用它来敬拜太阳神活着的灵魂。布希尤姆（Bucheum）的铭文记录了公元前51年3月22日引入了一头新牛，并进行了难以从字面理解的公式化登记，文中提到公牛是国王自己引来的（Robert Mond - Oliver H. Myers, The Bucheum, London 1934, Bd. 2 Nr. 13）。接下来的句子是：“女王，这两地（上埃及和下埃及）的女主人，爱父的女神，在底比斯和荷蒙蒂斯的居民以及祭司面前，与皇家巨轮一起在阿蒙神的船（公牛）中划着桨。”这意味着克利奥帕特拉与她的前任者不同，她参加了仪式，并且已经将她的弟弟赶出了官方的统治范围，因为他甚至没有被提及。

类似情景出现在下埃及的法尤姆（Fayum）地区的石碑铭文中，日期为公元前51年7月2日（Etienne Bernand, Recueil des inscriptions grecques du Fayoum, vol. 3, Cairo 1981, 205; 见图3）。当地的伊希斯神殿（位于诺菲里斯）的首领和大祭司欧诺弗里斯（Onnophris）竖立了一块石碑，上面写着“纪念爱父女神克利奥帕特拉女王”，但没有提到她弟弟的名字。石碑上的浮雕描绘了克利奥帕特拉向正在哺育荷鲁斯的伊希斯献祭。

在这对执政夫妇登基后，加比尼乌斯留下了一支“罗马”军队，即“加比尼亚人”。高卢人和日耳曼人坚守此地并驻扎在亚历山大港附近。这些士兵与不同国籍的女人结婚，从而表明他们愿意留在当地。当叙利亚总督M. 卡尔普尔尼乌斯·比布卢斯（M. Calpurnius Bibulus）派他的两个儿子去埃及把军队带回叙利亚战场

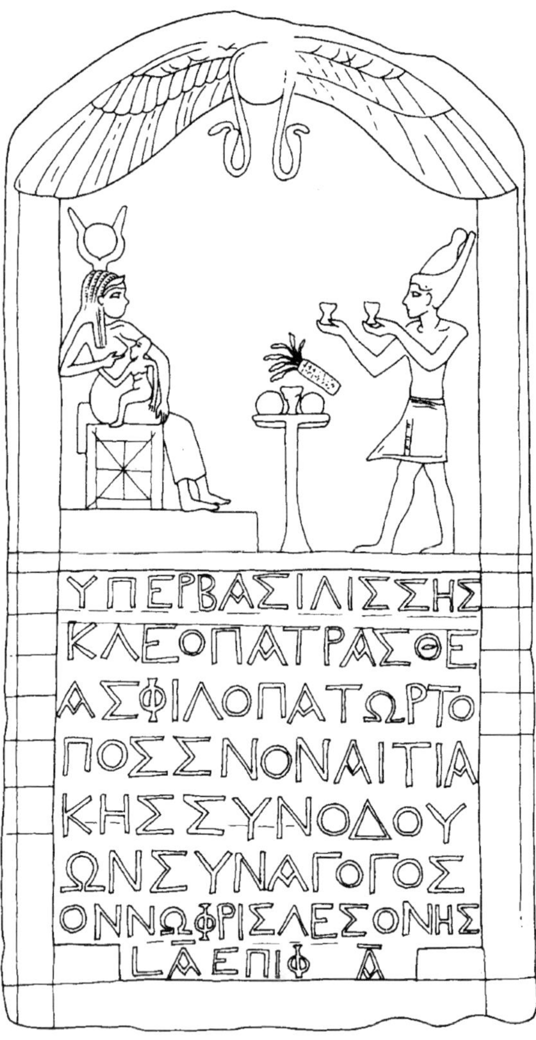
ΥΠΕΡΒΑΣΙΛΙΣΣΗΣ
ΚΛΕΟΠΑΤΡΑΣΘΕ
ΑΣΦΙΛΟΠΑΤΩΡΤΟ
ΠΟΣΣΝΟΝΑΙΤΙΑ
ΚΗΣΣΥΝΟΔΟΥ
ΩΝΣΥΝΑΓΟΓΟΣ
ΟΝΝΩΦΡΙΣΛΕΣΟΝΗΣ
LΑ ΕΠΙΦ Α

图 3　克利奥帕特拉石碑

时，他们就被杀害了。克利奥帕特拉无法保护罗马人，并把凶手送到总督那里接受惩罚。

可以说，这是克利奥帕特拉上位后做出的第一个为人熟知的政治决策，表明她渴望与罗马人保持良好的关系。后来对杀人犯的引渡导致加比尼亚人站在托勒密十三世一边。

在执政的第三年，从公元前 50 年 9 月 5 日到公元前 49 年 9 月 3 日，克利奥帕特拉事实上的独立统治结束了。托勒密十三世的谋士们成功地帮他争取了他应得的执政权，因此在很短的一段时间内，奥勒忒斯的两个孩子实现了联合统治。托勒密十三世身边的重要职位是由国王的三名谋士担任的。最重要和最有影响力的人物是太监波提诺斯（Potheinos），他掌管着国家的行政和财政事务，是年轻的国王的保护人。另外两位是这位统治者的教仆和演讲老师，俄西斯的西奥多图斯（Theodotos）和三军统帅阿奇利亚斯（Achillas）。

托勒密十二世是在马格努斯·庞培的努力下登上王位的，卡尔普尔尼乌斯·比布卢斯也是他的追随者之一，因此马格努斯的儿子格奈乌斯·庞培在公元前 49 年春夏之际来到亚历山大港时得到了帮助。克利奥帕特拉和托勒密十三世为他提供了 60 艘船、金钱、粮食和 500 名加比尼亚人。根据这一事件，普鲁塔克认为克利奥帕特拉与庞培之子有过一段风流韵事（*Antonius* 25）。

可能就在当年，也就是公元前 49 年仲夏，克利奥帕特拉受到弟弟和其谋士的排挤。她最初从都城撤退到上埃及的底比斯，后来她在那儿非常受欢迎。公元前 49 年 12 月，庞培在帖撒罗尼迦召开元老院会议，承认埃及统治者为托勒密十三世，而非克利奥帕特拉。在恺撒到达埃及的前几个月，她最终被驱逐出境（Caesar, *Bürgerkrieg* 3，103）。

执政的前几年是出现内部纷争的几年，统治者之间展开了或明或暗的争斗。尽管年轻，但托勒密十三世——尤其是因为他的三个谋士——似乎终于在这场较量中与克利奥帕特拉平起平坐。最后，他不仅准备拿起武器对抗克利奥帕特拉，而且准备对抗恺撒——最终他死于对抗罗马人的战争中。

第四章　恺撒在埃及

公元前 49 年，在庞培和恺撒之间爆发战争之前，地中海世界已被掌控于两者手中。整个希腊东部都欠庞培的债，尤其是亚历山大港的这对执政夫妇，因为奥勒忒斯曾客居罗马，而加比尼乌斯曾是庞培的追随者。

这种纷争要求希腊东部的城市具有高度敏感性或好运气：一旦身陷囹圄能够及时做出正确决定的运气，而敏感性和外交技巧则能在做出错误决定时迅速与胜利者达成妥协。

公元前 48 年 9 月底，庞培在法萨路惨败后抵达亚历山大港，对于亚历山大港来说，这是一个特别艰难的决定。庞培希望在亚历山大港得到帮助，因为之前克利奥帕特拉派船来支持他的追随者。但庞培同时卷入了埃及的内战，因此站在前线之列。克利奥帕特拉被赶出了这个国家，为了重新夺回王位，她在东部沙漠地区集结了阿拉伯军队。托勒密十三世离开亚历山大港，在贝鲁西亚附近扎营，并干预他姐姐的行动，阻止她回来。因此，当庞培想上岸时，他求助于托勒密十三世和他的谋士——因为这个 13 岁少年的政治决策主要是由谋士波塞诺斯、西奥多图斯和阿奇利亚斯做出的。也许卢坎（Lucan）正确地还原了这三人的想法（*Pharsalia*，475-535）：接纳庞培意味着与恺撒为敌。他们把赌注押在胜者恺撒身上，并希望杀死战败者庞培。“死人是不会咬人的”是他们的口号（Plutarch，*Pompeius* 77）。谋杀庞培让托勒密十三世在但丁的《神曲 · 地狱篇》中占有一席之地，就像该隐和犹大那样。

三天后，也就是公元前 48 年 10 月 1 日，恺撒在亚历山大港登陆，他要在那里待上半年多。结束与庞培的争斗后，他直接引爆了埃及内战；然而，并没有像埃及大臣们期望的那样，对他的敌人被谋杀做出回应：恺撒不仅没有表达任何感激之情，而且开始在亚历山大港树立自己的威信。作为一名好战的罗马执政官，他和侍从们一起进入城市，住进王宫，并宣布他来这里是为了遵照奥勒忒斯的遗愿结束王位之争。恺撒这一举动甚至是有合法依据的，尽管罗马的将军们没有这个依据也这样做了，只要他们认为是恰当的。奥勒忒斯把克利奥帕特拉和托勒密十三世的联合统治置于罗马民众的保护之下。因此，恺撒作为“国王导师”和国王的监护人，要求这两个交战的姐弟解散他们的军队，服从他的判决。

克利奥帕特拉立即表示服从，因为她处于较弱势的地位。她和她的军队分开，向亚历山大港进发。普鲁塔克将她抵达皇宫描绘成一出闹剧，这的确是关于她一生的记载中最著名的场景之一：城市和宫殿仍在克利奥帕特拉的对手，即她的弟弟的控制之下，因此她把自己塞进装被褥的旅行袋里，在夜里偷偷被送到恺撒的宫殿。不管这个 21 岁的女人那天晚上做了什么（历史学家和诗人用数百种方式对此进行了描述，不过最好还是让每个人自己去想象），她到达了宫殿，而且是安全的，她的存在迫使对手采取行动，特别是得到恺撒——这个极度好色的男人的同情，正如历史学家卡西乌斯·狄奥（Cassius Dio，42，34，3-4）描述的那样，“恺撒明显地转向这个年轻的女人”，“当时，青春美貌的克利奥帕特拉尤为迷人”。

还留在宫殿里的波塞诺斯开始行动了。虽然他把托勒密十三世带到了亚历山大港，但他没有解散军队，并设法在都城掀起一场反对恺撒的暴动，因为他要求“罗马”归还从托勒密十二世那里得到的钱。这要求恺撒立即给出许诺托勒密的3000塔兰特，即7200万赛斯特斯。这笔钱引发了他与波塞诺斯的争执，波塞诺斯逼迫恺撒离开。为了加速这一进程，他越来越频繁地鼓动愤怒的市民聚集在亚历山大港的街道上，当罗马士兵落单时，聚集的本地人便会杀死他们。与此同时，波塞诺斯严重影响了罗马军队的物资供应。当他认为是时候公开进攻了，他就会开始出击。阿奇利亚斯接到命令后，要他带着军队从贝鲁西亚来亚历山大港。亚历山大港战役由此拉开序幕，这是恺撒指挥过的最引人注目的战争之一。

恺撒来到埃及是为了逮捕正在逃亡的庞培，这次行动并不需要一支庞大的军队。但他可能犯了一个错误：把庞培之死完全看作埃及拥护自己的行为，没有意识到埃及官员想从根本上独立于罗马的意愿。苏维托尼乌斯（Sueton）写道（*Caesar*, 35），恺撒完全没有做好打一场战役的准备，只有几艘船和几个士兵可供他支配。此外，他的小型船队在“大港”安营扎寨，要想进入公海，就必须穿过洛基亚斯和灯塔之间的狭窄地带（见图1）。在尤诺斯托斯港，埃及舰队有72艘船，是地中海东部最好的船队之一。恺撒在这种情况下一如既往地火力全开。首先，他放火焚烧了埃及舰队。船上的一些仓库着火了，里面储存着两种主要的出口货物——粮食和莎草纸卷，据说有40000卷被烧毁。后来这件事被流传为亚历山大图书馆着火。

然而，为了能够离开城市，上文描述的那些情形必须得到控制。当时埃及炮兵驻扎的法罗斯和洛基亚斯之巅，则必须被攻占。然而，为了在城市中巩固自己的地位，恺撒需要士兵，但数量远远不够。他的 3200 名步兵和 800 名骑兵对抗的是敌方的 22000 名步兵和 2000 名骑兵。想要更好地训练罗马人，或许能在野战中实现，但在巷战中不算。亚历山大港人被认为是路障高手，因为在他们迷宫般的城市街道上经常发生骚乱。

由于无法逃脱，恺撒不得不等待外界的援助。然而，不能排除庞培阵营的敌人仍然强大，甚至了解恺撒的困境后乘虚而入的可能。但这并没有发生，而解释为什么没有发生的最简单的说法便是众人皆知的“恺撒的幸运”。

恺撒将宫殿和剧院改建为堡垒。那里有通往大港的通道，它们保卫着这个地区，因为恺撒无法控制整个城市的起义军。在几个月的时间里，有 800 名士兵在防御中牺牲。在宫殿里，恺撒、克利奥帕特拉、波塞诺斯、托勒密十三世和其他王室成员生活在一种紧张的局势中，这类似于一种相互控制的软禁。在这种情况下，恺撒处决了波塞诺斯；克利奥帕特拉的妹妹阿西诺伊逃到阿奇利亚斯的营地，在那里她被册封为王后。托勒密之女和阿奇利亚斯迅速反目，后者被推翻并被杀害。恺撒随后解散了托勒密十三世的一支军队，这是一种阻止战争的尝试，因为在那个时候，他正向亚洲的密友多米提乌斯·卡维努斯（Cn. Domotius Calvinus）请求军团援助，但他们还没有赶到。

这支期待已久的军团在公元前 48 年 12 月才到来。次年 2 月，帕加马的米特里达梯斯率领一支由纳巴泰人和犹太人组成的军队穿过巴勒斯坦，绕过贝鲁西亚，到达亚历山大港。在 3 月 25 日入夜到 26 日，恺撒和他的军队离开了宫殿并与米特里达梯斯的军队合流。第二天，他们与托勒密十三世的军队展开战斗，托勒密十三世被打败了，并与许多士兵一起阵亡。亚历山大港投降了，埃及的问题终于得到解决：在整个战争期间只能静候消息的克利奥帕特拉，很可能立即与她最小的弟弟托勒密十四世结婚，以再次登上王位。这样，局面便完全是按照罗马的意图来安排的。阿西诺伊被送到罗马，后来被铸在恺撒的凯旋队伍中一同前行。赫提乌斯（Hirtius）写道（*Der Alexandrinische Krieg*，

33，4）：仅仅在登基后的几天，恺撒就离开了亚历山大港，这应该发生在 4 月中上旬。

所以，如果恺撒继位后和女王待在一起的话，也只有几天时间。也许恺撒和克利奥帕特拉（埃及女王）一起“虚度”了几天，这样的日子不多，但人们非要无时无刻不在搞政治吗？是否在所有事情面前，人们都要把感情置于政治要求之下，就像罗马充满阳刚之气的历史描述所期待的那样？

在关于克利奥帕特拉的现代记载中，都有她与恺撒乘埃及轮船，同游尼罗河的情节。只有古代资料对这件事只字不提。卢坎在发生了这些事的一百多年后写道，当恺撒在一次对话中对尼罗河的源头表示好奇时，尼罗河第一次进入人们的视野（*Pharsalia* 10，192）。对罗马人来说，“寻找尼罗河的源头”是众所周知的，意味着徒劳无益的尝试。很明显，一些作者认为这个评论值得记录。根据苏维托尼乌斯在恺撒驻留亚历山大港 170 年后的记载，恺撒想乘坐埃及的船前往尼罗河；然而，他的军队拒绝随行，由此阻止了他带军抵达终点（*Caesar*，

52，1）。又过了30年，距离这些事情发生已经两个世纪了，阿庇安描绘了恺撒率领400艘船在尼罗河上组成舰队的画面（*Bürgerkriege* 2, 378）。在埃及的阳光下开启这样的爱情之旅可能很浪漫，但这可能从未发生过。

当他离开的时候，恺撒在亚历山大港留下了鲁菲努斯（Rufinus）率领的三个军团，以巩固在那里的战果，后来他又加派了一个军团。托勒密十三世的谋士波塞诺斯、西奥多图斯和阿奇利亚斯无一生还。克利奥帕特拉在罗马军队的庇护下很安全，然而罗马军队也负责制约她的行动。

恺撒通过陆路抵达叙利亚，并登上一艘船前往塔索斯。同年8月2日，他已在本都（Pontus）的塞拉（Zela）附近的战斗中击败了帕尔纳克（Pharnakes），即博斯普鲁斯王国和庞培家族的国王。在那里，恺撒向罗马送去了广为流传的名句——出处是希腊谚语——我来过，我见过，我征服过（veni，vidi，vici）。而事实上，漫长的战斗过程恰恰可以证明他文辞优雅又懂得宣传技巧。

恺撒于公元前47年4月初离开埃及，克利奥帕特拉在9月生下一个儿子，取名托勒密·恺撒（恺撒里昂）。一篇用埃及人的文字写的铭文将公元前47年9月6日称为“伊希斯的节日，是恺撒国王（恺撒里昂）的生日”（Heinrich Brugsch, Thesaurus Inscriptionum Aegyptiacarum, 5th Abt., Leipzig 1891, 889）。这种并列可能是后来虚构的。既然克利奥帕特拉被尊为女神伊希斯，那么她让自己的儿子在这一天出生即是合理的；如果这天真的是其生日，那就更好了。恺撒里昂父亲的身份一直受到现代历史学家的质疑，但大多数古代作家都没有这样的疑问。

第五章　克利奥帕特拉在罗马

当恺撒在公元前46年秋回到罗马时，他庆祝了征服四国（高卢、本都、利比亚和埃及）的胜利。有两人与胜利的游行队伍同行，分别代表着埃及的过去和未来，尽管那个时代的人们还不知道这一点。代表过去的是阿西诺伊，她和托勒密十三世一起战败，阿西诺伊是第一位在罗马以囚犯身份示众的王后。代表未来的是一个小男孩——毛里塔尼亚的尤巴（Juba），他后来娶了克利奥帕特拉和安东尼的女儿。克利奥帕特拉没有出席这次胜利游行，但她在恺撒的邀请下于稍晚时抵达罗马，官方目的是促成罗马和埃及的联盟。她住在台伯河对岸的恺撒花园。陪同她的是同为国王的丈夫，也就是她的弟弟托勒密十四世，还有她的儿子恺撒里昂和一大批随从。在她到达罗马后不久，恺撒就前往了西班牙，让她和罗马人独处了将近一年。

克利奥帕特拉向经常参加她举办的沙龙的罗马“上流社会”展示王室荣耀和财富。她举办的游园会和招待会之盛大以及宴会之豪华很快就广为流传。在其中一些场合，克利奥帕特拉最喜欢的哲学家菲洛斯特拉托斯（Philostratus）会发表精心准备的演讲并主持辩论，克利奥帕特拉也会参与；在其他的日子里，全城闻名的罗马歌手赫摩吉尼斯（Hermogenes，“散发着油膏气味的人”）会登场并招待客人。

人们直接称克利奥帕特拉为女王，并不连名带姓。公元前 44 年 6 月，当克里奥帕特拉不再处于危险之中时，西塞罗写道：“我恨女王。”（*Briefe an Atticus* 15, 15）大家都知道他指的是谁。即使答应从亚历山大港买一些珍本书籍，女王也没能像说服其他人那样赢得西塞罗的心。不过，西塞罗至少在字里行间透露了克利奥帕特拉对文学的兴趣。

恺撒于公元前45年10月返乡后，向女王献礼。他为克利奥帕特拉建了一座金制雕像，是罗马的维纳斯女神——阿弗洛狄忒的化身，被置于恺撒广场上新建的维纳斯神庙（维纳斯族谱神庙），她被认为是恺撒家族的守护女神。此外，恺撒承认恺撒里昂为他的儿子，尽管这在罗马的法律中是无关紧要的，因为按照罗马的继承法，只有合法婚姻出生的孩子才被考虑选为继承人。

克利奥帕特拉和恺撒在罗马相聚的6个月里，气氛无疑是很特别的。恺撒和妻子卡尔普尼亚（Calpurnia）住在他的官邸里，而他的情妇住在别墅里，离官邸只有一刻钟的路程。恺撒毫不掩饰他对克利奥帕特拉的感情。有一封西塞罗写给他的朋友阿提库斯（Atticus）的信，在信中，他几乎逐字逐句地描绘了这些，可惜的是，这封信没有保存下来（*Briefe An Atticus* 14，20)。因此，以下句子不知是否与此有关："我对特尔图拉（Tertulla）的流产感到遗憾，因为卡西乌斯（Cassius）这样的男人一样有必要像布鲁图斯（Brutus）这样的男人一样去'播种'。我希望关于女王和恺撒的消息（是真的）。”这两句话放在一起说，而且都是关于流产的，那就意味着克利奥帕特拉有可能又怀上了恺撒的孩子，但最终流产了。

恺撒开始将共和制转变为君主制，罗马即将发生巨大变化。这也意味着他在世时被当作神来崇拜。在恺撒看来，克利奥帕特拉女神是否应该在这个新的帝国占有一个特殊的位置，我们不得而知。他的遗嘱是指定屋大维为主要继承人，这符合罗马的传统。人们不应该期望非罗马人，比如克利奥帕特拉或他们的儿子恺撒里昂会被考虑作为继承者。

在这段时间里，克利奥帕特拉的期望不得而知，很多人不清楚她是否认为自己是这个新帝国除了恺撒这个神之外的女王，以及是否把他们共同的孩子恺撒里昂，也是恺撒唯一的亲生儿子，作为他未来的继承人。或许她在小范围内表达过这种想法，或许这种心理游戏影响了公元前 44 年 3 月刺杀恺撒的凶手的决定，或者一切都不是这样的。

就在恺撒遇刺几天后，克利奥帕特拉逃离罗马，沿着尼罗河返回了家乡。

第六章 内战以及台伯河畔的宣传

恺撒死后，罗马内战的主要角色由安东尼和屋大维扮演。本书统一用“屋大维”这个名字，他自称的 C. 尤利乌斯·恺撒以及后来改过的名字在本书中都不会出现，这样能更容易地将他和他的养父恺撒大帝以及恺撒之子恺撒里昂区分开来。大多数同时代的人认为屋大维是对他本人的轻蔑称呼。

如果将屋大维和阿格里帕（Agrippa）在阿克提姆战胜安东尼和克利奥帕特拉的内战认为是罗马历史上最黑暗的事件之一，那也是因为胜利者对这个事件重新进行了诠释。毕竟，胜利者有近半个世纪的时间来精雕细琢地书写他们的胜利。这并不意味着屋大维的说法就一定是完全失真的，但怀疑他的宫廷诗人和宫廷历史学家人为地、艺术化地描绘这些画面却是非常合理的。

为了激励自己的追随者并使对手的追随者泄气，甚至促使对方阵营的人叛变，一种早期的公共宣传形式应运而生，这很快就变成了纯粹的个人诽谤。宣传册以书信的形式出现，并逐渐成为媒介。虽然屋大维和他的党徒最终成功地蛊惑人心，而且不只有古代文献这样记载，但是在舆论贬低中，安东尼的角色并没有在人们的口耳相传中完全消失。这两位主角之间的竞争很快就呈现了更具体的形式；在他们纠缠的过程中，女统治者克利奥帕特拉扮演了重要的，且很快成为中心的角色。

如果去探究屋大维和安东尼之间这些纷争的根源，则需要不断地回到他们冲突的初始阶段，即从公元前 44 年 5 月中旬到公元前 43 年 11 月建立的后三头同盟时期。恺撒死后不久，屋大维来到罗马，他必须仔细观察安东尼是如何尽其所能地给他设绊脚石的。安东尼试图阻止屋大维继位恺撒，拒绝向继承人支付已故独裁官的遗嘱所规定的款项，并反对屋大维成为护民官候选人。然而，由于双方当时都试图向公众隐瞒他们之间的分歧，所以只能暗中较劲儿。军队迫使双方表面上达成了和解。

公元前 44 年 10 月初，安东尼指责屋大维雇用刺客，双方的敌意再次升级。大马士革的尼古劳斯（Nikolaos）——可以参考后来的奥古斯都（屋大维）回忆录——详细描述了所谓的袭击，尽管文字可能是偏向于屋大维一方来渲染的（*Leben des Augustus* 30-31）。现任执政官安东尼逮捕了一些士兵，并公开宣布他们是被派来刺杀他的；他隐晦地宣告屋大维是这次袭击的幕后黑手。之后，安东尼的亲信们急忙赶到执政官的住所集结军队。下午，屋大维知道了企图谋杀的事。因为他认为杀害恺撒的凶手是始作俑者，便给安东尼送了口信，并提出在他床边看守。安东尼不仅拒绝屋大维进入自己的房子，而且以屋大维是袭击的始作俑者这一事实证明了他的拒绝是合理的。事情闹得沸沸扬扬，并传到了屋大维信使的耳中，他立即向主人报告了情况。屋大维立刻明白了这项指控对他的影响。他和几个亲信商量了一下，亲信们建议他立即离开罗马，直到事情得到调查为止。如果假设正确的话，他可能会被判为罪人，但他还是留在了都城。

第二天，屋大维若无其事地继续工作。与此同时，安东尼也召见亲信寻求建议，他说他知道屋大维正在发动袭击。一个雇来的刺客泄露了这个阴谋，他的同谋被逮捕了。亲信们想见犯人，安东尼表示了拒绝，他认为这没有必要，因为他们早就招供了，之后便转移了话题。由于没有证据，亲信们不想采取任何行动，安东尼解雇了他们，并在几天后的10月9日出发前往布仑地苏门（今称“布林迪西”）。

这件事似乎就由安东尼来做决定了，同谋者们无人知晓。屋大维的情况则大不相同。他发怒了，或者说被激怒了，将人们的注意力从他身上转移到安东尼的攻击上。这在他向恺撒的老兵们控诉时达到了高潮，他说：“我的父亲是多么不公正地死去，人们居然对他‘施行了’谋杀。”（Nikolaos von Damaskos, *Leben des*

Augustus 31）。从那时起，这些指控就再没消停过。

在古代，这种争论永远得不到澄清；即便是现代，谁在谋杀中获利、谁的谋杀能获利这种讨论也会陷入僵局。这是罗马军团、意大利乃至整个国家斗争的前奏。有一件事是肯定的：双方都试图赢得公众的支持，都使出浑身解数。每个人都尽力贬低和诽谤对手。对于所有这些指控，至关重要的是公众能把双方各自的指控想象成真实的，并在脑海中留下烙印。

虽然古代历史学家不给我们展现关于双方指控的客观场面，但对于宣传斗争有一个公正的来源。故事是这样的：公元前 41 年或公元前 40 年冬天，在贝鲁西亚（今称佩鲁贾）附近，屋大维和安东尼的支持者，特别是他的妻子富尔维娅（Fulvia）和弟弟卢修斯（Lucius）之间发生了军事冲突。在这场围攻中，双方都使用了弩炮，在拉丁语中被称为龟头（glans），这种称谓和其酷似阳具的形状已经表明双方借用词语来互相辱骂。

在这些弩炮中，军队侵略和性之间的联系

得到了最清晰的表达。虽然敌人通过“性”词语攻击所造成的侮辱也是一种“高级”的宣传形式，但在士兵日常的单调语言中，这一切都维持在一种较低的水平上。他们重复地说 peto（我在寻找）这个词，以表明他们要找准攻击目标。于是，当屋大维的臀部被当成攻击目标时，为了以牙还牙，屋大维的士兵们朝富尔维娅的阴部攻击。一种特别的讽刺手法是，有些石弹上刻有“屋大维娅”（“屋大维”的阴性写法）这个女名。这表明了在任何人格污蔑中都不会缺席的东西：对同性恋的谴责，尤其是对被动的、某种程度上女性化的那一方，即在某种程度上对女性的被动部分的指控。或许正是随着两派之争愈演愈烈，关于克利奥帕特拉的纷争才很快成为焦点。

第七章　尼罗河畔的日常执政

现在让我们把目光转向埃及。克利奥帕特拉离开罗马后，带着她的弟弟、共同摄政的托勒密十四世回到亚历山大港。公元前44年7月26日，在一份奥克西林库斯的文件上记录了这两个名字（*Papyrus Oxyrhynchus* 14, 1629）。不久之后，托勒密十四世去世了。在弗拉维奥·约瑟夫斯（Flavius Josephus, *Jüdische Altertümer* 15, 39）看来，是女王毒害了自己的丈夫。约瑟夫斯一直对克利奥帕特拉愤恨不已，他继承了希律王对这个埃及女人的仇恨。

按照埃及传统，为了确保在她身边的男性统治者的继承权，克利奥帕特拉在托勒密十四世去世后，将她与恺撒所生的儿子（见第四章）以托勒密十五世的名号加冕。在丹德拉神庙里有一个女王的巨大雕像，其形象是哈托尔女神，旁边那个男孩则是法老恺撒里昂。此时，一位来自法尤姆的希腊人将克利奥帕特拉和托勒密·恺撒的石碑奉献给鳄鱼神，他称鳄鱼神为这位小国王的曾祖父（Etienne Bernand, Recueil des inscriptions grecques du Fayoum, Bd. 1, Leiden 1975, 14）。

回来后，克利奥帕特拉的任务就是解决她在罗马期间埃及出现的困难。尼罗河的水道放任不管，没有清理掉淤泥，这导致公元前 44 年或公元前 43 年收成的急剧下降，并发生了饥荒。除了饥荒，还有几乎不可避免的疾病。亚历山大港的医生狄奥斯库里得·帕卡斯（Diskurides Phakas）详细描述了猖獗一时的流行病的症状：淋巴结化脓并出现可怖的黑色斑块。此即为当时席卷了这个国家许多地区的腺鼠疫。

当地官员在没有亚历山大港政府协助的情况下解决了一些问题。一篇可能来自那个时期的铭文这样写道（*Orientis Graeci Inscriptiones Selectae* 194）：“由埃及女王，即‘笃爱父亲的女神’，和（小）托勒密，又名恺撒（里昂），即‘笃爱父亲和笃爱母亲的人’……”这块刻有铭文的石头是由底比斯的阿蒙祭司和当地官员以及城市居民竖立起来的，是为了纪念该地区的最高官员，一个叫卡利马库斯（Kallimachos）的人。据说，底比斯城在各种悲惨境遇下遭到了相当大的破坏，而卡利马库斯对底比斯做出了贡献。即使在饥荒和流行病肆虐期间，卡利马库斯也尽一切可能减轻损失。在人们看来，他就像一颗闪亮的星和一个善良的神明，是他们最后的希望。此外，他还尽力确保埃及人的祭礼能够如期、有序地进行。在传统的埃及南部，这个远离亚历山大港中心的地方，埃及宗教仍然发挥着重要作用。因此，卡利马库斯被尊为“城市救世主”，当地人为他建了黄金和大理石雕像，放置在神庙和城市的突出位置。除了援引日期的部分，文本中没有提到埃及的统治者。这两位男女摄政王对政府事务放任不管，由于克利奥帕特拉长期不在，上埃及的官员显然完全独立行事。

但在随后的十多年里，这种情况发生了变

化，克利奥帕特拉重组了政府，以提高土地产量。女王很快就奔忙于埃及的日常管理，而古代的历史学家们对此只字未提，对于克利奥帕特拉，他们唯一感兴趣的是她的丑闻。最典型的便是将她的宫廷描述成一个纵欲和娱乐的地方。事实上，它也是一个等级森严的、高效率的官僚机构中心，而这些内容却不被提及。只有少数的莎草纸卷和铭文记录了有关税收制度、法律、亚历山大港人口和官员的信息，以及收成好坏的消息。

一篇注明日期为公元前41年4月13日，即克利奥帕特拉继位的第十一年的铭文写道：克利奥帕特拉和托勒密十五世颁布了法令（Gustave Lefebvre, Le dernier decredes Lagides, Melanges Holleaux, Paris 1913, 103-108）。这个法令的实施——仍然与饥荒有关——是为了确认那些在都城以外从事农业劳动的亚历山大港人的特权。地方政府曾试图让这些人劳动和纳税，而作为亚历山港的居民，他们本无须纳税。公元前41年3月，一些被迫纳税的亚历山大港人组成代表团，向女王提出申诉。一个月后，她做出决定："'爱父之神'克利奥帕特拉女王，还有同被称为恺撒（里昂）的'爱父爱母之神'托勒密国王，向赫拉克利奥波利斯地区的谋士问好！请将此法令和王室文书翻译成希腊文和当地语言，公布于都城和地方上最重要的区域，并按我们的命令安排一切事情！祝好！公元前41年4月13日。"

那些来自城市（亚历山大港），在普罗索皮斯和布巴斯提斯区务农的人于法莫诺斯月（pharmenoth）[①] 的第15日（3月15日）会面时因反对十个地区（下埃及）的请愿而提出：

> 地方官员违背我们的意愿和统一下达的命令，即任何人都不可以要求他们（亚历山大港人）做超出其义务范围的事，比如向统治者纳税，然而他们（地方官员）却无视法律，规定亚历山大港人与地方及农村人履行同等的义务，这并不合适。我们（克利奥帕特拉和托勒密十五世）非常愤怒，认为应该就整起事件发布一个普遍

① 古埃及月份。（如无特别说明，本书页下注均为译者注。）

的、通行的政令，我们决定：所有来自这个城市（亚历山大港）、在周围地区务农的人，不应该和其他人一样向统治者额外纳税，也无须在紧急情况下纳税，比如地方时不时提出的特殊理由，他们的货物不能被上贡，也不能要求他们上缴新的税。一旦为种植谷物或葡萄的土地缴纳了他们所要求的税，无论是货物税还是货币税，这些土地在过去经常被纳入皇室的国库，那么他们就不应该再为其他事情而烦恼了，尽管没有任何借口。请确保我们这样做，并依照法律公开这篇文章！

这是迄今为止我们所知的托勒密统治者颁布的最后一道政令。

克利奥帕特拉在稳固国内局势的同时，还必须注意正在罗马爆发的恺撒谋杀者和他们的敌人之间的内战。公元前44年3月，安东尼作为执政官，成为罗马事实上唯一的统治者。将塞浦路斯划分给托勒密王朝是涉及希腊东部的众多规定之一，这可能被认为是恺撒提出的一项措施。在克利奥帕特拉的统治下，她的妹妹阿西诺伊正式成为该岛的统治者——她在公元前 46 年恺撒的胜利中获得了自由。显然，她在罗马很受欢迎，公元前 44 年，作为托勒密王朝的一员，一些人认为她可与克利奥帕特拉相抗衡，尤其在克利奥帕特拉名义上的丈夫、其弟托勒密十四世蹊跷而死的时候。

克利奥帕特拉也许对这位新的王室对手的出现不太高兴，于是便寻求机会对阿西诺伊采取行动，一年之后，她找到了机会。公元前 43 年春天，局势日益动荡的消息从西部传到东部，克利奥帕特拉派塞拉皮翁（Serapion）率领舰队前往塞浦路斯。舰队指挥官后来将这些船只提供给恺撒的刺杀者卡西乌斯（Cassius）。塞拉皮翁的任务原本是把阿西诺伊赶走，也可能是要逮捕并杀死她。然而，阿西诺伊设法逃脱了。由于恺撒的杀手布鲁图斯（Brutus）和卡西乌斯最初在东部行省取得了巨大的成功，她没有逃到意大利，而是逃到小亚细亚海岸，以便为罗马人服务。在米利都，她上岸了。当地的阿尔忒弥斯祭司相信她不久之后能在亚历山大港复位并盛情款待了她。

但是刺杀恺撒的凶手们的希望破灭了，随着安东尼和克利奥帕特拉的和解，历史最终围绕着他俩展开，阿西诺伊的命运注定如此。

公元前 43 年年中，克利奥帕特拉重新获得了塞浦路斯的控制权。在这段时间里，她让人铸造的货币背面刻有岛屿的名字，正面是戴着王冠、手执权杖的女王，她将一个婴儿抱在胸前，这个婴儿就是托勒密十五世。

克利奥帕特拉在这些硬币上使用的主题并不陌生，因为我们已经看过石碑上的图案。她将自己与正在为其子荷鲁斯哺乳的伊希斯相提并论。克利奥帕特拉就是伊希斯，她的儿子就是荷鲁斯。如此类比意义重大：她带我们去了上埃及的一个古老圣地。在荷蒙蒂斯，有法老的“诞生神庙”。生完孩子后，法老和妻子在这里举行庄严的仪式。除此之外，那里还有浮雕。其中一个浮雕描绘了克利奥帕特拉跪在地上，被女神包围着，上方用象形文字写着她的新名字：“太阳神之母”。在这个新生儿的上方我们可以辨认出是圣甲虫，它象征着太阳神，意味着这个孩子被认为是冉冉升起的太阳之神。两个牛头女神坐在旁边的长椅上，给两个孩子喂奶：一个是荷鲁斯，另一个是年幼的恺撒里昂。理解这个场景的关键在于荷鲁斯在埃及神话中的地位。在埃及神话中，奥西里斯是埃及的国王，伊希斯是王后，他们的儿子，即年轻的王子，是荷鲁斯，注定会成为“强者”，后来在他父亲被谋杀后取代了其位置。在神话中，荷鲁斯将为他惨死的父亲复仇。两者之间的关联很清晰：恺撒里昂的父亲也死于暴力，两个儿子都经历了同样的命运，因此有同样的义务。正如荷鲁斯为父亲奥西里斯报仇一样，恺撒里昂也要为他的父亲恺撒报仇。最晚从那时起，托勒密十五世就有了“笃爱父亲者”的称号。

克利奥帕特拉在埃及密切关注着罗马内战。在代恺撒执政的屋大维和安东尼介入地中海东部之前，布鲁图斯和卡西乌斯就决定了那里的事态。在这个地区，多拉贝拉（Dolabella）作为恺撒的支持者，赢得了埃及女王的好感。恺撒离开时留下的罗马军团，派阿利努斯（Allienus）将克利奥帕特拉带往小亚细亚，以把她交给多拉贝拉。因此，她和托勒密十五世的统治获得了认可。然而在叙利亚，军团很快就投靠了卡西乌斯。克利奥帕特拉本来要派给多拉贝拉的舰队也被暴风雨阻止了航行。公元前 43 年 7 月，这位恺撒一派的领袖为了不落入敌人手中而自杀了。

卡西乌斯请求得到埃及舰队的帮助，但舰队忠于职守，无视他的请求。在此期间，卡西乌斯从塞浦路斯得到了支持，这违背了克利奥帕特拉的意愿。后来，对于克利奥帕特拉以埃及的经济吃紧为由向卡西乌斯致歉一事，安东尼几乎没有责备她。

不久之后，克利奥帕特拉率领一支庞大的舰队出发，与安东尼和屋大维会面；然而，船只在风暴中被吹散了。卡西乌斯的一位海军将领斯泰乌斯·穆尔库斯（Staius Murcus）曾想在泰纳龙（Tainaron）上拦截克利奥帕特拉的舰队；当他得知事故发生的消息时，仍能看到漂浮在海上的残骸。克利奥帕特拉此时已经精疲力竭，不能再和其余船只一起扬帆起航了。这时，支持恺撒的人胜利的消息传到了她的耳中。

公元前 43 年底，安东尼、屋大维和雷必达在博诺尼亚（今称博洛尼亚）附近的一个河岛上会面，讨论他们的下一步计划。他们达成协议，建立了后三头同盟，即三人共同执政（然而雷必达几乎没有发挥作用），计划为期五年，到公元前 38 年结束。最重要的目标是除掉刺杀恺撒的凶手。屋大维娶了安东尼的继女，这使得两者之间的关系更加稳固。

当刺杀恺撒的凶手被击败时，安东尼和据说因肠道问题在战斗中撤退的屋大维，最终于公元前 42 年秋天，在色雷斯的腓立比之战后获胜。安东尼的权力达到顶峰，超越了其竞争对手。他在领土分割时有选择权因而选择了东部，事实上，东部在经济、文化和军事方面比西部更有优势。正如拜占庭帝国的历史所说明的，东部可以脱离西部而存在，但协议规定，屋大维不得不重建征兵的主要地区——意大利，此地对所有人开放，包括安东尼。他当时肯定不知道自己不能使用它。

克利奥帕特拉在罗马人的纷争中做了许多表明政治立场的事，她可能在最早的时候希望儿子从中获益。虽然不是什么大事，但对她来说向胜利者解释她做了什么并不是难事。

第八章 与安东尼在塔索斯相遇

根据普鲁塔克的记载，安东尼身材高大，蓄着漂亮的胡须，有着宽阔的前额和鹰钩鼻，这使他的脸具有绘画和雕像中赫拉克勒斯特有的阳刚之气。根据一个古老的传说，安东尼家族是希腊英雄的后代，他们的祖先是赫拉克勒斯的儿子。安东尼认为这个传说可以通过他的体态和服装来证实（*Antonius* 4）。

安东尼是其士兵们崇拜的对象，他在战斗中不畏死亡，在危急时刻也不苛求什么，与士兵共患难。在罗马，他的风流韵事成了全城的热门话题，不管是像赫拉克勒斯一样驾着狮车载着著名女演员穿越城市，还是以危及生命的方式越过屋顶躲避债主。

在腓立比之战中的决定性战役结束几个月后，安东尼抵达以弗所，他在那里广受欢迎，被认为是狄俄尼索斯的化身，这一直是罗马将军在东部地区的惯例。在这里，恺撒已经被誉为“阿瑞斯和阿弗洛狄忒之子”，即从火星和金星降临的“天神”，“他称自己为人类的救世主”。女人们装扮成酒神的追随者巴克坎忒斯，男人们装扮成森林之神萨提，酒神杖缠绕着包裹着茴香茎的常春藤，顶端有一颗松果。人们就这样伴随着笛声和琴声欢迎安东尼进城。晚期古典语言学家塞尔维乌斯（Servius）用几句话总结了古人对再现场景的理解：在宗教仪式中，模仿的意思和现实相同（*Kommentar zu Aeneis* 2, 116），感应将会成为现实。在以弗所发生的事情可以被理解为一种象征性行为，但也可以被理解为现实。在安东尼的“现实”与“象征”之争中，前者似乎占了上风。

在东部等待安东尼的众多政治任务之一是解决卡帕多西亚的争端，他以仲裁人的身份介入其中，拒绝了阿里阿拉特（Ariarathes）王位候选人的要求，并将王冠授予阿基劳斯［或称西西纳（Sisina）］。在这里，虽然古代作者们写作时对于名字的写法不同，但动机却不会有出入。卡西乌斯·迪奥写道（49，32，3）：“这个阿基劳斯是淫妇格拉伊拉（Glaphyra）的儿子。”阿庇安对此评论道（*Bürgerkriege* 5, 7）：“他把王冠给了西西纳，因为西西纳的母亲格拉伊拉，在他看来是一个出色的女人。”安东尼麾下的省长马尼乌斯（Manius）显然想促成此事，安东尼的妻子富尔维娅被格拉伊拉激起了妒火。屋大维在一首粗俗下流的诗中提到了这种情境，这个故事得以流传至今（11, 20）：“因为安东尼睡了格拉伊拉，富尔维娅便规定了一种惩罚，即我（屋大维）现在要去睡富尔维娅。我要睡富尔维娅吗？如果马尼乌斯让我睡他呢？我睡吗？只要我清醒，我就不会做。‘要么睡我！要么开战！’她这样说道。我的阳具比我的生命更可贵吗？——让战斗的信号响起来吧！”

这首诗向我们展示了人际关系，以及社会和文化背景，这对于克利奥帕特拉的主题很重要。这也就是男性对待“女性”主题的方式，以及他们对涉足政治领域的女性的评判方式。在这种“高品质”的诗歌背景下，当克利奥帕特拉遇到安东尼时，她是否有机会获得同代人的公平对待？

安东尼让他的亲信昆图斯·德利乌斯（Quintus Dellius）将克利奥帕特拉带到小亚细亚，更准确地说是到奇里乞亚的塔索斯，在这里，基德诺斯河汇入地中海。在这次会晤中，克利奥帕特拉完全赢得了安东尼的信任，不可否认的是，双方出于政治原因也需要密切合作。然而，这不仅仅是一种纯粹的权宜之计，克利奥帕特拉的主张也绝不只是政治上的。

普鲁塔克说，在塔索斯的会面使安东尼将克利奥帕特拉视作阿弗洛狄忒。这位神在不同的时间和地点有不同的名字——伊什塔尔、阿施塔特、维纳斯、阿弗洛狄忒，但有一点共性：裸体。这位女神常常被描绘成这样的形象：头戴金色皇冠，戴着耳环，一条珍珠项链绕着脖颈，一长串珍珠链在胸前交叉，从而形成一个X形，这也是金星的象征。她还戴着由珍珠或宝石制成的腰带、手镯、脚踝链，偶尔还穿着用珍珠制成的、现在被称为“丁字裤”的东西（见图 4）。因此，当克利奥帕特拉接待安东尼时，她便佩戴了非常华丽的饰品，且几乎赤裸着身体。

在她的船上，年轻的男孩们像好色之徒一样站在爱的统治者身边。这些年轻男子和年轻的女孩一样都是在克诺珀斯（Kanopos）长大

图 4　阿弗洛狄忒

的，是用来满足性欲的。阿弗洛狄忒在这艘船上，周围的环境与她相得益彰。（男）人们可以找到所有渴望的好东西，就像亚历山大港的诗人赫伦达斯（Herondas）在3世纪描述的那样：酒，漂亮的男孩，女人美得像那些曾经获得选美奖项的人，美女云集如天上的繁星（Mimus 1，21-40）。这些女孩扮成海中仙女和美惠三女神的样子，在船上进行表演，这种“装扮”也是对裸体的巧妙呈现。克利奥帕特拉可能从亚历山大港的阿弗洛狄忒神庙带来了妓女，以营造女神的真实氛围。毕竟是去面对一个神——狄俄尼索斯/安东尼。船上的宗教氛围以及高度色情的气氛是由香水来调节的，香水的气味一路飘到海滩上，伴随着充满挑逗的竖琴、长笛和木笛之音。

在这场精心安排的亮相中，我们不应该试图区分克利奥帕特拉以女神的身份还是以女性的身份更讨人喜爱。她是爱的女神，对她来说爱就是生活，爱和性也是宗教的一部分，所有这些都是政治的一部分，也是她生活的一部分。

从安东尼之前和女人相处的经历就可以理

解，他对自己新的“征服”感到自豪。他非常重视自己的高贵血统，并一再向屋大维强调这一点。在他的第一次婚姻中，他娶了一个“被释奴”（Freigelassener）的女儿，也就是说，她是奴隶的后代。相比克利奥帕特拉，他的妻子富尔维娅的身份也相对低微。在古代的文献资料中，富尔维娅的画像与克利奥帕特拉的画像很相似。富尔维娅深知自己是统治者的妻子，因此举止得体。这对当时的罗马人来说是闻所未闻的，只有克利奥帕特拉超越了这一点，她甚至不是罗马人，而是一个“东方人”，正是这一点刺激了卢坎（见第十七章）。因此，普鲁塔克尖锐地批判富尔维娅，说克利奥帕特拉实际上应该向她支付将安东尼驯化成“妻管严”的“驯兽费”，因为富尔维娅已经完全驯化了安东尼，让他听女人的话（*Antonius* 10）。安东尼通常从演员和妓女的圈子里招募其他女性，而现在他有了女王。他对这种“财产”感到自豪，并夸口说他和女王睡过觉。

多年后，他以一种典型的男性沙文主义的态度给屋大维写信（Sueton, *Augustus* 69, 2）：

“是什么让你变化如此之大？是我和女王上床吗？她难道是我的妻子吗？我是现在才开始这样的还是说 9 年前就开始了？你呢？你只是和德鲁西拉（Drusilla，你的妻子）上床吗？我敢用你的生命打赌，当读这封信时，你一定和特尔图拉（Tertulla）或特伦提拉（Tcrcntilla）或鲁菲拉（Rufilla）或萨尔维亚・提提萨尼亚（Salvia Titisenia）或是和她们所有人睡过觉。你在哪儿、和谁睡，这有区别吗？”安东尼的信写于公元前 33 年，他说他认识克利奥帕特拉 9 年了，也就是说公元前 42 年，他与克利奥帕特拉在塔索斯相识。安东尼是否因为想向对手炫耀男人的雄壮而不愿意承认爱情，克利奥帕特拉又是否知道这一点，这一切都是两人的秘密。

来自罗得岛的苏格拉底曾描述阿弗洛狄忒为狄俄尼索斯举办的宴会（Athenaios 4, 147e-148 b）：克利奥帕特拉在奇里乞亚会见了安东尼，并为他准备了一场皇家宴会……她布置了 12 张供 3 人用餐的长椅，并邀请了安东尼和他的朋友们。他完全被这壮观的景象所吸引，但她只是微笑着说，这都是送给他的礼物。第二天早晨，她又邀请他和他的朋友和将军们一起吃饭。这次她把筵席布置得更加精致，将第一次宴会衬托得非常朴素，并且把所有器具都作为礼物送给了他。每位将军都被允许带走他们坐过的长椅，甚至放在椅子上的杯托。告别时，克利奥帕特拉把轿子和脚夫分配给官职高的人，给大多数人配备了佩有银色马具的马，并给所有人分配了举着火把的黑奴。

安东尼和他的同伴们从未体验过如此精致和奢华的宴会。皇家大船铺着厚厚的带着玫瑰花香的地毯，有着宽敞的餐厅墙壁和天花板，镜子两旁伴有数不胜数的烛台，熠熠生辉。桌子上放着闪烁着宝石光泽的金碟子，来自腓尼基的水晶杯里盛满了美酒。各式各样的美味佳肴一应俱全：塔兰托产的牡蛎、雌孔雀、黑松鸡、羊肉和野猪，简直数不胜数。这样的宴会在诗歌中总是暗指性诱惑：情侣共进晚餐，然后共眠。在塔索斯，是克利奥帕特拉安排了宴会，后来的史学资料乐此不疲地强调，是她引诱了安东尼，而不是安东尼引诱了她，这一点大家都能理解。

根据我们的记载，庆祝的同时也伴随着具体的谈判。对于克利奥帕特拉来说，眼下最有权势的人已成为她的情人，这在表面上是很重要的。他几乎可以满足她的任何愿望。阿西诺伊从公元前 43 年起就留在了以弗所，成为这段情谊和克利奥帕特拉复仇的牺牲品。安东尼把她（阿西诺伊）和支持卡西乌斯的塞浦路斯总督都处决了。纵观托勒密王朝的历史可以发现，家族一直是各统治者的危险来源，因为从中可能出现竞争对手。远超过一半的托勒密人认为他们的安全受到了威胁，并因此杀害了他们的父母、兄弟姐妹、孩子或其他觊觎王位的人。如果说克利奥帕特拉也这么做了，那其实是在做她从自己国家的历史中学到的事情。

安东尼在埃及度过了公元前 41 年或公元前 40 年的冬天。他需要用这个国家的资源来对抗帕提亚人，他们已经越过叙利亚和奇里乞亚进入小亚细亚，比以往任何时候都远。根据普鲁塔克的说法，这是一段充斥着爱情和庆典活动的时期。然而，他所描述的轻浮的奢侈（*Antonius* 28-29），更适合后期阶段（见第十章）。根据阿庇安的说法，安东尼参观了寺庙和学校，并与学者展开探讨，如果没做这些，阿庇安是不会一一列出的，因此这些信息来源是可靠的（*Bürgerkriege* 5, 11）。他刻画了一个政治家的形象，即通过与统治者交谈来了解亚历山大港和埃及之间的关系。这样的活动绝不能排除与克利奥帕特拉的私人会面，当然也留下了休息和意乱神迷的空间。

当这对情人住在亚历山大港的时候，身处意大利的屋大维与安东尼的妻子富尔维娅和他的兄弟卢修斯之间发生了公开的战争。后来的罗马历史记载已经把这场内战和克利奥帕特拉联系起来。据说，富尔维娅发动战争是为了迫使安东尼挣脱埃及女王的怀抱。的确，意大利发生的事情并不能使安东尼无动于衷，这是事实。于是他在公元前 40 年的春天离开了埃及。人们感觉到，一旦需要做出重要决定时，克利奥帕特拉便不在列。在雅典，安东尼与他的妻子富尔维娅相见。几个星期后，她就去世了，与屋大维和解的障碍也消失了。

在公元前 40 年秋签订的《布仑地苏门协

议》中，屋大维和安东尼明确了各自的立场，并制订了未来几年的计划。罗马世界再次分裂，安东尼再次占领东部行省，同时他也有权往意大利增派军队。新缔结的联盟达成了共识，类似于我们在公元前 43 年的协议中所了解到的：安东尼娶了屋大维的姐姐屋大维娅，而她刚刚成为寡妇。古代作者对克利奥帕特拉的侮辱越激烈，屋大维娅就被推得越高，而她正好和克利奥帕特拉年龄相仿。据说这是一个“女人的奇迹”，梅塞纳斯（Maecenas）称赞了她美丽又自然的头发。

公元前 39 年夏天，三头同盟与塞克斯图斯·庞培（Sextus Pompeius）在米赛诺（Misenum）签署协议，并就任命下一期的最高行政长官达成一致。直到公元前 39 年底，安东尼一直待在意大利；当他离开罗马后，本该永不回来，但仅仅于公元前 37 年，他就短暂地踏上了意大利塔兰托的土地，在那里决定延长三头同盟的时间。

安东尼于公元前 39 年底前往希腊，准备和妻子在雅典定居并在此处管理东部。在这三年里，屋大维娅生了两个女儿，公元前 36 年后又怀上了第三个孩子。三头同盟——实际上是两人在很长一段时间内的结盟能在塔兰托再度巩固，主要归功于屋大维娅。公元前 36 年，安东尼离开妻子前往叙利亚，准备与帕提亚人作战。

安东尼在公元前 40 年离开埃及后，克利奥帕特拉生下了一对双胞胎，一男一女。他们被命名为亚历山大·赫利俄斯（Alexander Helios）和克利奥帕特拉·塞勒涅（Kleopatra Selene），与天神太阳（男性）和月亮（女性）等同。克利奥帕特拉可能想利用双胞胎出生的事实来推动与太阳、月亮有关的占星预测，并试图昭告新的黄金时代的到来。希腊东部的一些人梦想迎来一个没有罗马专制的新时代，克利奥帕特拉用她的宣传来滋养这些梦想。亚历山大·赫利俄斯这个名字唤起了人们对亚历山大大帝的回忆，在现代研究中，这个孩子是许多候选人中的神圣之子，维吉尔（Vergil）的著名作品《牧歌》（*Ekloge*）的第四首，就通过这个孩子的比喻来庆祝新的和平时代的到来。

在安东尼缺席的三年里，克利奥帕特拉做了什么、有什么感受，史书中都没有记载。我们可以推测她已经得到了安东尼和屋大维娅结婚的消息。如果她真的像人们所说的那样对男人天赋异禀，那么当他们在帕提亚战争中再次相遇时，她不再轻易让安东尼离开便说得通了。

第九章 安东尼的帕提亚战役

帕提亚战役的爆发有以下几个原因。帕提亚帝国在这个时候再次扩张，对罗马帝国东部构成了威胁。在叙利亚，帕提亚人逃跑时杀死了安东尼任命的总督，并成功地征服了耶路撒冷。当地的希律王只有撤退到岩石堡垒马萨达（Masada）才能拯救自己、家人和财宝。对于严格执行了恺撒作战计划的安东尼来说，胜利意味着威望的重新提高。自从公元前53年在卡雷（Carrhae）击败克拉苏（Crassus）后，罗马战俘和罗马军团的标志——鹰就一直在帕提亚人手中。屋大维与庞培之间的战争很快又爆发了，最终屋大维击败了塞克斯图斯·庞培，或者更确切地说，是被阿格里帕击败的。按照罗马人的荣誉惯例，安东尼也被要求做一些类似的事情。

因为屋大维娅怀孕了，安东尼不想让她有海上航行的危险，便把她送回罗马，自己则动身去往叙利亚。现在便是他与埃及女王重修旧好的时候了，克利奥帕特拉也来到他身边。从那一年（公元前 36 年）开始，安东尼越来越依赖埃及的资源和女王。

在战争最终爆发之前，东部地区必须重整。安东尼想扩大罗马附属国的范围。和之前的许多将军一样，安东尼更信任强大的君主制及其统治者，而不是罗马的行政长官，因为罗马统治者在任何时候都可能对他构成威胁，而且他觉得自己更忠于“国家”而不是个人。最重要的是，马格努斯·庞培在罗马帝国的领土周围建立了一个附属国保护圈。这些统治者熟悉各统治者之间的关系，就像希腊化时期的东部地区几个世纪以来所熟悉的那样。安东尼在重新分配附属国时便沿袭了这个传统。加拉太（Galatien）辅佐军的首领阿敏塔斯

（Amyntas），获得了加拉太以及巴弗拉哥尼亚（Paphlagonien）和吕高尼亚（Lykaonien）的部分土地；卡帕多西亚则被安东尼分给了阿基劳斯，他是美人格拉伊拉的儿子（见第八章）。希律王也是安东尼的心腹之一，尽管他统治的大部分地区已被帕提亚人重新夺回。直到公元前37年，罗马和犹太军队才成功地“解放”了耶路撒冷。为了更好地防患于未然，希律王在耶路撒冷建造了一座堡垒，命名为“安东尼亚”，以致敬他的庇护人。公元前37年，希律开启了他的第二次王朝统治。

在提到的附属国中，埃及是最重要的，所以安东尼准备扩大埃及的疆土，尤其是因为这里有一位女王统治，他信任她的忠诚，因为她是他的情人。

普鲁塔克写道，克利奥帕特拉在公元前36年接受了安东尼对部分领土的统治：腓尼基和奇里乞亚的部分土地，耶利哥（Jericho）附近犹太（Judäa）的巴尔桑地区和居住着纳巴泰人的一小块阿拉伯地区（*Antonius* 36）。多亏了弗拉维奥·约瑟夫斯的记载，我们才能更准确地了解转让给克利奥帕特拉的两块土地：分别来自犹太国王希律和纳巴泰统治者玛利可斯（*Jüdische Altertümer* 15, 95 - 96，106 - 1070）。希律王和玛利可斯都继续在政治和经济上控制着克利奥帕特拉统治的地区，因为埃及女王只对名义上的统治和稳定的收入感兴趣。耶利哥周围的地区是犹太最富有的地方，因为那里生长着枣椰树和香脂灌木。因为希律留下的钱显然够他自用，他还有能力每年付给克利奥帕特拉200塔兰特作为“租金”。死海东部的纳巴泰地区靠生产沥青促进经济增长。确切地说，这笔收入只是一部分，属于克利奥帕特拉。她每年拿到纳巴泰领地的200塔兰特，实际上由玛利可斯支付。我们可以假设，除了克利奥帕特拉，希律和玛利可斯也能从中获利。

与塞浦路斯一样值得注意的是，在奇里乞亚周边的城市——斯特拉波（Strabo）称它们为哈玛西亚（Hamaxia）和埃莱乌萨（Elaiussa）（146,669,671）——一些土地处于埃及的控制之下，为造船提供原材料。安东尼显然想加强托勒密的海上力量。波菲利（Porphyrios）也提到哈儿基斯（Chalkis）王国。吕撒聂（Lysanias），这个位于黎巴嫩斜坡上的小国的国王，因受到克利奥帕特拉的指控，被判处死刑，埃及女王随后承接了他的统治权。历史学家强调，对克利奥帕特拉来说，权力的扩张成为新时代的起点（Porphyrios, *Fragmenta historicorum Graecorum* 3, 724），这个时代可以从公元前 37 年 9 月 1 日算起。从那时起，贝来图斯（Berytos）、的黎波里（Tripolis）或奥索西亚（Orthosia）的硬币的正面是埃及艳后的形象，反面则标注着时间，例如：第 16 年，也就是 1 年。

这个新时代的开启是由埃及的一项重要的政治成就所推动的。埃及法老和托勒密国王为占领叙利亚和巴勒斯坦而发动的战争是大规模的。因此，对于克利奥帕特拉来说，一个梦想在公元前 36 年实现了：埃及的大国政治已经成为现实，受惠于罗马的三头同盟亦成为现实，这“三头”里有她的男人，也即她两个孩子的父亲，尽管不是她的丈夫。尽管安东尼承认他和女王的孩子是合法的，但克利奥帕特拉的地位没有改变。安东尼的头像第一次出现在埃及的硬币上，带着罗马指挥官和三头同盟的头衔。

克利奥帕特拉陪同安东尼攻打帕提亚人，一直攻到幼发拉底河，然后返回叙利亚，在那里她踏上了新的领地。希律王到叙利亚的边境迎接她。两人都依赖于安东尼，因而掩盖了彼此之间的仇恨。按照古代史料对克利奥帕特拉的记载，例如，弗拉维奥·约瑟夫斯就提出了克利奥帕特拉试图引诱希律王的假设（*Jüdische Altertümer* 15, 4, 2）。这是否令人惊讶呢?

帕提亚战役是一个彻底的失败。最初，帕提亚人先于安东尼行动。当安东尼还在亚历山大港的时候，他们入侵了小亚细亚和叙利亚，打败了安东尼的使节 L. 德西迪乌斯·萨克夏（L. Decidius Saxa）。然而，安东尼的将军们在对亚美尼亚和犹太的战争中更胜一筹。当安东尼在公元前 36 年末亲自执掌指挥权时，战争的风向却发生了变化。在公元前 53 年著名的卡雷战役中击败克拉苏近 20 年后，帕提亚人再次缴获了两个罗马军团的标志——鹰。在围攻弗拉沙巴（Phraaspa）过程中，安东尼徒劳无果，而不得不撤退；但当他再次到达叙利亚海岸时，还是拯救了三分之二士气低落的军队。

帕提亚战争结束后，安东尼与妻子屋大维娅和克利奥帕特拉的关系逐渐明朗。当他从失败的战役中回家时，罗马和亚历山大的妇女都已准备好援助远征队，为他运送士兵、金钱、给养和衣物。安东尼选择了克利奥帕特拉，她在西顿（Sidon）和贝来图斯之间的叙利亚海岸与安东尼相遇。

屋大维娅得到弟弟的同意后，从罗马出发前往东部与丈夫会合。我们不知道屋大维娅·安东尼从弟弟那里听说了什么，只是看到了几个手势，但意味深长。公元前 39 年，安东尼在意大利徒劳地等待着征募军队，公元前 37 年，他再次徒劳地等待着。作为回报，这些部队是安东尼希望妻舅能为舰队提供的。屋大维却让这一希望落空。他觉得与这位“埃及女王的情人”之间没有任何契约关系，所有的承诺都没有效力。但屋大维娅的丈夫希望得到妥协，甚至指望签订条约，这是罗马贵族甚至连襟之间的惯例。最终，安东尼得到了2000名士兵，只有之前约定的20000名士兵的十分之一。

如果这是为了互相理解，那安东尼会予以拒绝。对现在已毫无吸引力的妻子的拒绝也意味着向她的弟弟，即安东尼的妻舅、三头同盟的盟友、西部的统治者发出有针对性的政治示威。人们一再强调做出这一决定的个人原因。不过，即使克利奥帕特拉更有魅力、更漂亮、更聪慧、更迷人，是更好的情人，也有客观原因造成了安东尼与屋大维娅之间的距离。

和屋大维娅在一起有什么政治好处？像公元前37年一样签一个新的《塔兰托条约》？谁能保证屋大维这次会信守诺言？他甚至没有对帕提亚战争的失败者、更强大的安东尼做出这样的举动。但屋大维有什么理由要帮助安东尼锻造这把会自我毁灭的剑呢？即使屋大维有更好的意图，又能实现什么呢？让两个男人重新瓜分帝国：一个西罗马帝国由屋大维统治，一个东罗马帝国由安东尼统治吗？

如果安东尼回到屋大维娅身边，试图与她的弟弟达成和解，他会得到什么？当时没有人知道结果如何，但相对于益处，怀疑应该占上风。另外，如果安东尼和克利奥帕特拉分开会失去什么，是可以清楚地预测的。其中一些只能由安东尼本人回答，而他的谋士可以轻松地列举其他各项：埃及是唯一一个拥有足够的财富摆脱帕提亚战役后的困境的国家；现有的军团必须达到规定的编制人数，新的部队需要集结，最重要的是建立一支舰队。

如果说安东尼越来越依赖东部的资源，那也是因为屋大维对他封锁了西部的资源。屋大维当时指责安东尼是“浪漫的蟋蟀”，或克利奥帕特拉有着恶魔般的女性魅惑力，但实际上，这完全是屋大维为了政治而强加给他们的污名。

然而，克利奥帕特拉似乎没什么安全感。这是普鲁塔克第一次也是唯一一次提及的，她使用的手段和演感伤剧一样（*Antonius* 53）：“她通过禁食毁了自己的健康。她给人的印象是，当他来的时候，她看起来像是吃了一惊，当他走的时候，她的目光充满了沮丧和渴望并跟随着他。她知道怎样安排才能让人经常看见她哭，然后很快擦干眼泪，为了不让他看见。”克利奥帕特拉是真的在精神上受到了打击，还是充分表现了自己的表演才能？

无论如何，安东尼还是把妻子送回了罗马，而之前妻子也早已赶到雅典与他会合。他把她带来的2000名士兵编入军队。显然，他的妻舅屋大维猜测的事情真实地发生了，与屋大维娅事实上的分离只需要正式的说明。安东尼和屋大维之间就此决裂，每一个政治头脑清醒的人都能意识到，他们之间的决裂就像庞培和恺撒一样。因为罗马只能容纳一个“恺撒”。

在罗马的封赏过后，屋大维娅拒绝接受法律裁决，安东尼则犹豫着是否寄出离婚信。因此，他仍然是屋大维娅的丈夫，因为他和克利奥帕特拉的关系虽然影响了他和妻子的感情，但没有影响他们的婚姻。对于克利奥帕特拉来说，这种不受控制的关系还在继续。然而，和安东尼在一起的这段时间里，她得知：他不准备和她分开。快到年底时，她生下了和安东尼的第三个孩子——托勒密·费拉德尔菲（Ptolemaios II Philadelphos）。取这个名字是为了纪念托勒密二世，他在公元前3世纪初进行了扩张。

公元前35年，安东尼从埃及出发，准备再次发动帕提亚战役，但仅仅到了叙利亚。之后，他就撤退了。究竟是政治上还是战略上的考虑，抑或是克利奥帕特拉和宫廷生活使他折返，一直是一个谜。

第十章　宫廷生活

有关宫廷生活的资料我们也能看到一些，但是否一切都正确仍值得怀疑：普鲁塔克从祖父兰普里亚斯（Lamprias）那里听说了许多事情，而兰普里亚斯是从他的朋友菲洛塔斯（Philotas）那儿听说的——在安东尼和克利奥帕特拉的那个时代，菲洛塔斯是亚历山大港的一名医学生。随后，菲洛塔斯成为安东尼及其儿子的御医。任职期间，他在亚历山大港的宫廷认识了一位厨师，厨师告诉了他很多事情（Plutarch, *Antonius* 28）。

让我们从“一手资料”开始说起（如上文所述）。有一天，厨房里的烤肉叉上烤着八头野猪，每头野猪被烤熟的时间各不相同。有人告诉这位震惊的来访者，它们本来是为安东尼准备的。当来访者得知只有12位客人时，他更加惊讶了。主厨的解释也让人了解了当时什么才是奢侈的生活方式：“我们不知道安东尼什么时候用晚餐或喝饮料，因此我们往往不是准备一餐，而是要多准备几餐。”

据说宫廷里的一切都非常罪恶，但对于谁来说罪恶呢？对于那些过于“拘谨”和缺乏想象力的罗马人？安东尼的反对者在罗马传播着穆那提乌斯·普兰库斯（Munatius Plancus）的故事，普兰库斯是三头同盟最亲密的朋友和最值得信赖的亲信之一，他被允许使用三头同盟的胜利指环。普兰库斯曾在一个音乐节上进行裸体表演，他从头到脚都涂满了海绿色的颜料。这样的装扮代表着鱼形海神格劳克斯（Glaucus），水手们描述了他的外表，并用他占卜运势。普兰库斯/格劳克斯戴着芦苇编成的皇冠，拖着一条“鱼尾巴”（Velleius Paterculus 2, 83, 2）。

古代的作家在描述这些带有寓意的、越发

富有想象力的关于奢侈和铺张成性的故事时经常会夸张。

根据老普林尼的说法，克利奥帕特拉是铺张成性最典型的例子。她拥有当时最大的两颗珍珠；对罗马人来说，珍珠是奢侈的象征。在一次与安东尼共同进餐时（据说他们的餐食总是异常奢华），克利奥帕特拉——被普林尼称为妓女女王（regina meretrix），是他讲述了这个故事——说整顿饭都很寒酸。当安东尼问及还能给他那华丽的爱情提供什么时，她回答说，下一次她要吃一顿价值1000万赛斯特斯的饭。安东尼认为这太夸张了，于是两人打了一个赌，第二天就可以兑现。穆那提乌斯·普兰库斯是裁判。这一餐一如既往的丰盛，却不是非比寻常，安东尼已经开始取笑输家了。随后，克利奥帕特拉端上了“甜点”——盛有醋的饮具。当时她戴着两颗珍珠，“那是极其罕见的，也是真正的大自然唯一的杰作”，当安东尼等着看她会做什么时，她拿了一颗珍珠，把它扔进醋里，喝了一口（见图6）。当她想用同样的方式吃掉第二颗时，普兰库斯出面，宣布她获胜（Plinius der Ältere,

Naturkunde 9, 119-121）。这个故事想表现的是人类难以想象的傲慢和奢侈，但也在今天促使许多化学研究者对这一插曲发表评论。其他的现代解释则是克利奥帕特拉吞下珍珠，希望能“通过自然的方式”把它拿回来。

克利奥帕特拉和安东尼掷骰子，一起打猎，一起喝酒。他们的娱乐活动之一是所有统治者的老把戏——乔装打扮，在都城的街道上散步。

安东尼似乎觉得自己是个度假的学生，至少他的行为举止看起来很像。有一次，他钓鱼时一无所获，非常恼火，尤其是克利奥帕特拉还在一旁观看。他命令渔夫们偷偷地游到水下，把已经钓上来的鱼系在鱼线上，然后再把猎物拽几次。第二天，女王发现了这个把戏，就叫人把一条腌鱼拴在安东尼的鱼竿上。安东尼当即把鱼竿拉了起来，大家看得很开心。克利奥帕特拉也展示了自己的智慧，她的评论立即平息了英雄可能要发泄的怒火（Plutarch, *Antonius* 29）：“把鱼竿留给我们法罗斯和克诺珀斯的国王吧，殿下！你的战利品是城市、王国和陆地！”

安东尼听从了情人的建议。公元前 34 年，他引爆了另一场战役，这次是对亚美尼亚发动的战争，亚美尼亚国王被指认为公元前 36 年帕提亚战役失败的罪魁祸首。这一次，安东尼终于成功了。当回到亚历山大港时，他不仅带来了大量的战利品，还俘虏了亚美尼亚国王。在罗马，这样的凯旋总是一种庆祝的由头，安东尼也不想放弃庆祝胜利的机会。

第十一章　众王之女王

安东尼战胜亚美尼亚之后发生的事情在罗马人看来是前所未有的：一位罗马将军以某种方式庆祝胜利，却没有在通往朱庇特（罗马地位最高的国神）神殿的神圣道路上庆祝。安东尼的确走过了一条街道，去拜见一位神，但这是亚历山大港的主街，在街道的尽头，埃及女王作为伊希斯女神，坐在金色王座上等待着他。维列乌斯·帕特库勒斯（Velleius Paterculus）这样描述安东尼的登场（2,82,4）：“他（安东尼）之前曾下令称他为新一代的利伯·帕特（Liber Pater，狄俄尼索斯的拉丁名字之一）。他戴着常春藤花环，穿着金丝编织的橘红色长袍，拿着一根酒神杖（见第八章），穿着高筒靴，像利伯·帕特一样驾着一辆战车穿过亚历山大港。”这不是罗马人的欢庆，而是以狄俄尼索斯的游行方式庆祝胜利，正如本书开头所提到的托勒密王朝的亚历山大港人了解的那样（见第一章）。

几天后，在亚历山大港的学校发生了更刺眼的一幕。在银制讲台上，安东尼和克利奥帕特拉坐在金制宝座上。克利奥帕特拉穿着埃及长袍扮演女神伊希斯，而安东尼作为罗马大将军，穿着金色盔甲和紫色托加袍。女王的四个孩子也坐在宝座上，但位置稍低。最靠近这对情人的是托勒密十五世恺撒里昂，与他母亲同为官方的摄政王，然后是安东尼的孩子亚历山大·赫利俄斯，穿着米底亚国王的长袍，戴着王冠和高顶波斯帽，托勒密·费拉德尔菲穿着马其顿国王的服装，戴着宽边毡帽，穿着外套和靴子，最后是克利奥帕特拉·塞勒涅。所有统治者身旁都站着一个穿着民族服饰的侍卫。历史似乎在这里成形了。

一位传令官宣布，克利奥帕特拉从此将拥

有“众王之女王”的称号，恺撒里昂的合法血统再次被公开宣布，并获得“众王之王”的称号。6 岁的亚历山大·赫利俄斯被宣布为亚美尼亚、米底亚和幼发拉底河对岸所有土地的“大国王”，这些是亚历山大大帝曾经的领地，一直延伸到印度，当然，印度还得由帕提亚人征服。2 岁的托勒密·费拉德尔菲成为叙利亚和小亚细亚的国王，和双胞胎弟弟一样大的克利奥帕特拉·塞勒涅，则成为昔兰尼的女王。

安东尼宣告恺撒里昂是恺撒的后裔，不仅正合克利奥帕特拉的心意，还给了屋大维打击，因为他只是恺撒的养子而不是亲生儿子。屋大维和安东尼在宣传方面的争论之一是：谁是恺撒“更合法”的儿子？是养子还是亲生儿子？自从安东尼与克利奥帕特拉有了关系，他就为恺撒里昂的利益而战，这可是恺撒真正的儿子，他在全国宣布。安东尼可能先于罗马元老院这样做了，就像苏埃托尼乌斯认为的那样（*Caesar* 52）。在这方面，克利奥帕特拉和她的儿子对于安东尼来说也不过是一枚棋子。

安东尼下令铸币时用拉丁文，这在西部

也很普遍。铸币上印着铸文 Antoni Armenia devicta，意为安东尼铸币，战胜亚美尼亚。在另一面可以看到：Cleopatrae reginae regum filiorum regum，意为众国王和王室之子的女王克利奥帕特拉铸币。此外，作为女王，克利奥帕特拉还管理着她作为国王的孩了们，是众王之王。带有姓名和头衔的非罗马女性肖像第一次出现在罗马官方货币上。安东尼还让人铸造了金币，上面印着他与富尔维娅所生的与他同名的儿子。在罗马人看来，这是他唯一的合法继承人。

从那天起，克利奥帕特拉更加强调她作为女神的角色。除了按照托勒密国王的传统，从她统治之初就被冠以“笃爱父亲的女神”的称号外，她还采用了“新伊希斯”的称号，因为伊希斯已经被克利奥帕特拉三世用过了。然而，更多的时候她被冠以“年轻女神”的称号，这其实意思相同：著名的女神以一个新的女人的形象回到地球。从此以后，她总是在正式场合穿着伊希斯的服装出现（见图 5）。

也许在亚历山大港的那天，祈祷在她的脑海里浮现，就像在埃及和整个古希腊世界里常见的

图 5　被刻画成伊希斯的埃及女王

那样。向伊希斯祈祷，就像克利奥帕特拉在神庙的献祭仪式上说的那样，祷告者也称呼她为伊希斯女神。这样的祈祷或信条可以从小亚细亚的库麦（Kyme）了解到，它可以说明什么是与伊希斯有关的，因此标题“众王之女王”也被考虑在内（*Inscriptiones Graecae* 12, 5, 739）：

我是伊希斯，每个国家的女主人，我是由赫尔墨斯抚养长大的，我和他一起发明了文字，象形文字和通俗文字，所以一切都可以用文字写出。我为人类制定并推行了没人能改变的法律。

我是克洛诺斯的长女，是奥西里斯国王的妻子和妹妹。是我为人们找到了农作物。我是荷鲁斯国王的母亲。

我是在神圣的天狼星中冉冉升起的。我被女人称为女神。布巴斯提斯城是为我而建的。

我把天地分开。我已经给星星指明了它们的路。我决定了太阳和月亮的轨迹。我发明了航海的杰作。

我使正义变得强大。我把女人和男人聚在一起。我命令女人怀胎十月生下孩子。我命令孩子要爱父母。我将会惩罚那些对父母没有爱的人。

我和哥哥奥西里斯一起为人类准备了食物。我向人们展示了进入神秘世界的过程。我教人如何崇拜神明。我已经圣化了神的领地。

我结束了暴君的统治。我迫使女人接受男人的爱。我使正义比金银更坚固。我命令人教导真理。我草拟了婚姻合约。

我是河流、风和海的主人。没有我的知识，谁都不受尊重。我是战争的主人。我是雷电的主人。我掀起海浪，又平息了水面。我在阳光的照耀下，伴着太阳同行。

如果我愿意，该结束的总会结束。一切服从于我。我解开绳子。我是航行的主人。如果我愿意，我可以将通航变为不可通航。

我筑起了城墙。我被称为立法者。我让这些岛屿从深处浮出水面。我是暴风雨的主人。我改变了命运。命运听我指挥。

的确，似乎伊希斯 / 克利奥帕特拉是命运的主宰。那时，女王看到自己的目标，即关于埃及—东地中海帝国的愿景，即将要实现了。当时她可能在历史中迷失了自己，在对托勒密王朝美好时代（托勒密二世或三世）的回忆中迷失了。安东尼在“众王之女王”的要求下建立了一个王国，虽然不大，但终将在她的儿子和继任者，同时也是亚历山后裔的统治下扩展为庞大的帝国。

恺撒里昂，这个名字永远留在人们的记忆中，因为他是恺撒大帝的后裔，为了他的继承权，安东尼和屋大维战斗了多年，如果安东尼在这场战役中获胜，恺撒里昂终有一天会继承恺撒，那么克利奥帕特拉之子不仅会成为亚历山大帝国的统治者，还会统治恺撒的帝国。这个规模超越了所有关于大帝国的旧有观念：从赫拉克勒斯之柱到印度洋。在这个难以想象的权力结构中，世界贸易和世界文学之都亚历山大港因其核心位置，将会扮演世界首都的角色。毕竟，亚历山大港隐藏了上一位，也是目前唯一一位世界统治者亚历山大的坟墓。所有这些都是一个梦想，但这个梦想一定有实现的那天，只是仍然有很长的路要走，这也必然需要屋大维的失败。

第十二章 备战：罗马

在本章所描述的安东尼的备战中，克利奥帕特拉一直积极参与，但本章出现的屋大维总是以她敌人的身份出现。

到公元前35年秋天，安东尼在东部的战事愈演愈烈，每次胜利都有罗马的庆典相伴。他的将士们对帕提亚人的最初胜利也得以隆重庆贺。公元前37年，人们庆祝耶路撒冷被征服，甚至在帕提亚战争之后，还向众神献祭，因为他认为自己的战役是成功的。直到公元前35年，屋大维娅被丈夫安东尼送回之后，屋大维在庆祝自己战胜塞克斯图斯·庞培时还“嘉奖了”安东尼：他在讲坛前为安东尼布置了一个凯旋战车，竖立了雕像，还允许他与家人们在康考迪亚的神庙里用餐。

但后来，这样的荣誉突然消失了。相反，有迹象表明屋大维或多或少地正在为战争做准备。安东尼唯一的重大胜利，即公元前34年对亚美尼亚王国的征服，在罗马却被忽视了。与此同时，作为对比，在公元前34年6月，屋大维为他的将士们举行了一系列胜利庆典，即使这只是微不足道的战果，有不少于5名将士获得了这项荣誉。

与此同时，屋大维将宣传中的争议提升到一个新的高度。安东尼在亚历山大港的庆祝活动以及公元前34年秋天，分配给自己和克利奥帕特拉的孩子的领土在罗马引起了一场愤怒的风暴，至少我们所得到的消息一致表达了这种情绪。在一个受过良好教育的罗马的爱国者看来，安东尼的行为似乎是极大的背叛；如果理智地看待这件事，人们可能会有不同的看法。但在当时的情况下，谁又能够或愿意做出清醒的判断呢？在《塔兰托条约》中，安东尼和屋大维将天下一分为二：一方接管包括意大利在内的西部，另一方接管东部。当安东尼庆祝他在罗马取得的胜利，尤其是屋大维没有公开承认他在罗马战胜亚美尼亚时（第67页），安东尼真的考虑到后果了吗？至于罗马土地的重新分配，从屋大维“贱卖”的观点来看，恺撒曾经把行省塞浦路斯给了埃及女王阿西诺伊，而屋大维一直遵照他的遗嘱行事。屋大维本人也同意将罗马行省的土地转为希律王的皇家土地，并在阿克提姆战役后进一步扩大这一地区的范围。此后，屋大维也毫不顾忌地把奇里乞亚行省的一半——据说是安东尼转让的——留在各王手中。事实上，在公元前34年，罗马的行政管理形式在由小孩子统治的新的“伪王国”中仍然完全有效。然而，正如普鲁塔克所解释的（*Antonius* 55），亚历山大港事件成为打响宣传战的原因，虽然我们直接注意到的开始的时间是在恺撒死后（见第六章），但直到此时才被真正地煽动。

和安东尼不同，除了私人通信之外，屋大维还利用了向罗马公众发表演讲的机会。这个机会出现在公元前34年与公元前33年之交，屋大维在都城逗留了几天，只为在1月1日开始执政，这是在《米赛诺条约》中为他自己保留的职位。屋大维尖锐地批评了安东尼的政策，他采用意大利人的爱国腔调，以指责他“浪费”罗马民众的土地达到高潮。因此，安东尼在当年年初向元老院递交了一份冗长的正式信函。焦点集中在安东尼离开意大利后，对屋大维政策的批评上。安东尼谴责了屋大维对雷必达的撤免，对西西里岛和非洲的独自占领，以及将意大利殖民地的土地完全分配给其麾下的退伍军人等。安东尼要求从所有分配的领土以及所有在意大利招募的新兵中分一半给自己——这是老生常谈了。

公元前33年夏天，屋大维在亚美尼亚给了安东尼答案。除了许多政治指控之外，还拒绝了他的所有要求。这样的通信不是关于争论，而是为了宣传，直到那年岁末，元老院才收到安东尼的另一封信函。

这又是一个宣传打击的绝佳时机。一方面，三头同盟的时代即将结束；另一方面，两位执政官在公元前32年都是安东尼的支持者。屋大维仍然尊重《米赛诺条约》，因为赢得元老院的支持对他来说仍然很重要，而安东尼也知道自己有元老院的支持。在三头同盟结束后，后者提交了一份关于其执政措施的详细说明，并要求参议院确认他的命令。他表示，如果屋大维辞职，他也会辞职，但他暗自希望，或者更确切地说，他知道这不会发生。

我们再也没有听到屋大维的回答，官方通信显然已经终止了，也没有什么值得继续探讨了。这场假惺惺的口水仗已经结束，只不过是在公众面前贬低对手，让人出洋相而已，还是私下的诽谤更适合这种情况。这不是关于对与错的问题，而是关于“道德”和情感的问题。在这个层面上，屋大维赢了，因为另一边是克利奥帕特拉，而她“只是”一个女人，并不是罗马人。

公元前32年伊始，两位执政官都是安东尼的支持者。因此，其中之一的索西乌斯（Sosius）在就职演说中重申了安东尼对屋大维的指控。我们无法知晓元老院中安东尼的支持者和屋大维的支持者所占的权力比重。无论如何，依旧有这么多人支持安东尼，以至于在元老院进行投票，即便是出于外部影响，在屋大维看来也是不能接受的。结果，屋大维和安东尼的支持者们整个1月都在罗马谈判，目的是让尽可能多的人站到自己这边。

屋大维还利用这段时间策划了一场行动，有些专家称为“政变”，并计划在2月实施。屋大维发表了一份“声明”，表明了他的立场。以现任执政官为首的安东尼的重要支持者都逃离了都城。即使没有估计的400人，这次逃离仍然令人印象深刻，并引起了轰动。因此，屋大维在与安东尼正式决裂之前，赢取了更多的准备时间。

为了跟进事件的发展，我们必须改变场景，把目光转向以弗所。

第十三章　备战：以弗所

公元前32年春，安东尼召集了所有附属国的首领前往以弗所。到了冬天，一个由500艘战舰和300艘运输船组成的舰队已经在以弗所集结。这座城市的海湾和许多港湾，几乎为所有规模的舰队都提供了空间。从这里还可以舒服地前往伯罗奔尼撒半岛南部，从而在那里集结部队对抗意大利。

罗马的执政官和元老院议员也在以弗所会见了安东尼。他们对安东尼的支持是无可争议的。唯一的问题是，克利奥帕特拉该怎么办。她是争议的焦点，但更多是被当作一个讨论的对象，而不是一个积极的对话者，至少对那些刚从罗马来的人来说是这样的。两位执政官索西乌斯和多米提乌斯·阿赫诺巴尔布斯（Domitius Ahenobarbus）对罗马公众的情绪有着最鲜明的印象，特别是多米提乌斯·阿赫诺巴尔布斯，建议安东尼把克利奥帕特拉送出以弗所，离开安东尼及其身边的人。

多米提乌斯·阿赫诺巴尔布斯和安东尼的私人关系因他们的孩子订婚而更加亲密，这次讨论也体现了城市罗马贵族对克利奥帕特拉的态度。他只称呼她的名字，没有称呼她的头衔。据说，安东尼曾要求克利奥帕特拉返回埃及。但那些刚从都城来的人和罗马人站在一边，他们反对在东部和安东尼待了很长时间的人。后者包括卡尼迪乌斯（Canidius），他后来在阿克提姆接受陆军的最高指挥。据说，他试图说服安东尼，让克利奥帕特拉留在军队里。克利奥帕特拉或许贿赂了他，但不管怎样，还是有一些人支持克利奥帕特拉留下：海军船员中有很大一部分是埃及人，他们不能被冷落。毕竟，克利奥帕特拉能补充兵力并提供可观的资金。她对东部首领的团结合作发挥了重要作用。

一些西卜林神谕给人留下了深刻的印象，即当时希腊东部对罗马的厌恶，以及对领袖和救世主的普遍渴望，偶尔才有对应于具体的历史状况的细节。比如这一句便提到了罗马三头同盟和埃及女王（*Oracula Sibyllina* 3,46-52）："当罗马还在犹豫是否入侵埃及时，这位女王将以一位不朽的女继承人的身份出现在这里的民众中……三个男人即将征服已经陷入深渊的罗马。"这些预言显然是克利奥帕特拉在世时写的，它们将这位埃及统治者与神秘的女人形象画上了等号，她总有一天会拯救世界，并宣布黄金时代的来临（*Oracula Sibyllina* 3, 75-76）："然后宇宙在一个女人的手中，由她统治，万事服从于她。"当时，这样的说法可能在东部广为流传，更有可能的是，安东尼愿意相信这样的说法。

公元前 32 年夏天，军队从小亚细亚出发，并在伯罗奔尼撒半岛集结。海上运输成为军队重要的后勤保障。10 万步兵、1.2 万骑兵和 500 艘战舰（至少 15 万士兵）组成的舰队必须跨越爱琴海。面对这样的人群，尤其是如此庞大的骑兵队伍，必须同步运输大量的补给。这无疑呈现了一个令人印象深刻的场面：接连几天，一个人接着一个人，一匹马接着一匹马，一个罐子接着一个罐子被送上船，无数船队消失在地平线上，向希腊迈进。由于没有足够的货船可用，船队很快便返回，以运输新的人员和补给。

缓慢行进中，对抗西部的下一站是萨摩斯。在萨摩斯岛上的几个星期里，东方宫廷的所有辉煌再次显现。小亚细亚的各个城市竞相争夺祭品，并将大量动物用于无止境的仪式祭祀。凡是东部的统治者或想成为东部统治者的人，都来到了萨摩斯，以前还从未见过这么多王聚集在一起，几乎每个人的王国都与罗马帝国的一部分接壤。安东尼亲自到场，指挥众王（此排名按字母顺序，不按等级）：加拉太的阿敏塔斯（Amyntas）、卡帕多西亚的阿基劳斯、毛里塔尼亚的博库斯（Bocchus）、加拉太的戴奥塔罗斯（Deiotaros）、埃米萨的伊安布利霍斯（Iamblichus）、科马根的米特里达梯斯、帕夫拉戈尼亚的费拉德尔甫斯、本都的波莱蒙（Polemon）、色雷斯的洛梅塔克斯

（Rhoimetalkes）和萨拉达斯（Sadalas）以及奇里乞亚的塔康迪莫托斯（Tarkondimotos）。犹太的希律王和纳巴泰王玛利可斯派使者带着队伍前往。

安东尼从萨摩斯迁居雅典，并在公元前32年五六月与屋大维娅离婚。安东尼如果和克利奥帕特拉结过婚，那么他在与屋大维娅离婚后，就有可能再和克利奥帕特拉再婚。即便如此，这也不是罗马法律承认的婚姻，而“仅仅”是埃及法律承认的婚姻。这样的婚姻也不太可能达成。

在决定离婚之前，又经过了几个星期的讨论和考量。历史资料记载了几个讨论者的名字——多米提乌斯·阿赫诺巴尔布斯、提丢斯（Titius）、普兰库斯、马库斯·西拉努斯（Marcus Silanus）、德利乌斯，以及一些有争议的话题：克利奥帕特拉参战、与屋大维娅离婚。安东尼的支持者是否反对战争本身呢？笔者对此持否定态度。

安东尼花了很长时间才下定决心离婚，克利奥帕特拉也等了很长时间。这绝不是指安东尼与屋大维娅分居的事，安东尼已经三年没见她了，而是指在罗马正式离婚的事。对此，多米提乌斯·阿赫诺巴尔布斯周围的人有话要说。只要安东尼和屋大维娅还存在婚姻关系，对安东尼和克利奥帕特拉关系的指控就至少建立在罗马三头同盟的合法婚姻之上。安东尼和克利奥帕特拉之间还有什么，即便是其身边心胸狭窄的人也不可能弄清楚，顶多说一句“男人都这样”，但是离婚会催生已经消退的闲话和偏见。最后，最有效的争论便是：离婚有什么好处？对罗马没有，对罗马人没有，对东部的军队和盟友也没有。只剩下克利奥帕特拉了，她想把这个男人紧紧地绑在自己身上，她想成为他唯一的女人。

最终，克利奥帕特拉一如既往地打出了更好的牌。这个决定背后的心理谜题无法解开，因此我们应该给它打个问号。毕竟，古人已经为难以解释的问题准备好了答案：施魔法（Cassius Dio 50, 5, 3-4）。安东尼因为埃及女人的魔力而失去了理智。今天的读者可以在这种解释和莎士比亚的解释之间做出选择，莎士比亚在其《性感的赞歌》中展示了一个女人是如何在没有魔药和混合剂的情况下出现的（见第十八章）。

在进攻意大利之前，安东尼和克利奥帕特拉在雅典度过了一个冬天。屋大维娅在这里很受欢迎，所以克利奥帕特拉想尽一切办法来赢得市民的好感。为了向克利奥帕特拉表示尊敬，雅典公民大会通过了一项法令并交给雅典公民代表团。带头的是安东尼，他不久前才被授予雅典公民身份。雅典人在雅典卫城的安东尼雕像旁竖立了一尊穿着伊希斯服装的克利奥帕特拉的雕像。

公元前 32 年夏末，率领大部队穿过希腊到达西海岸的任务失败了。与此同时，舰队不得不绕过伯罗奔尼撒半岛，这次行军是在秋天结束的。舰队驻扎在西海岸提供庇护的港口和安全的驻地，军队则转移到冬季的营地。安东尼和手下驻扎在佩特雷。

正所谓欲速则不达，这个季节太早了，不适合向意大利进发。如果不想过早地暴露自己，那么舰队在意大利需要有大的港口停靠，当下只有塔兰托和布仑地苏门两个港口达标。但这两个港口都有强大的城市保护屏障，并已被屋大维的舰队占领了。此外，根据安东尼的个人经验，他知道包围布仑地苏门需要多长时间；他曾试图在公元前40年带领舰队在那里登陆。秋天的暴风雨即将来临，屋大维只能采取防御行动，把其他的一切都留给了“布拉风”和“西罗科风”。根据时间表，除了搬到希腊西海岸的冬季营地，在那里静下心来规划下一年的行动，再也没有其他明智的选择了。

随着穆那提乌斯·普兰库斯从安东尼转向屋大维，我们也再次把目光转向意大利，那里的备战也在10月底结束。随着战线的改变，屋大维迎来了一个重要帮手。普兰库斯是安东尼的亲信，他带着安东尼和屋大维娅的离婚信，以及安东尼在罗马留下的遗嘱来到这里，普兰库斯也在遗嘱上署了名。前文所述的那个把全身染绿的普兰库斯（见第十章），在以前所有的内战中幸存下来，现在他又做出了可能是他一生中最重要的决定：背叛安东尼。当他在元老院面前演讲时，首先谈了常规话题，最后谈了对安东尼遗嘱的了解。遗嘱包含三条规定：托勒密·恺撒为恺撒之子；为克利奥帕特拉和安东尼的子女确立遗赠；他的遗体安葬在亚历山大港。许多人对这些遗嘱条款的真实性感到困惑；不过，它们在当时的罗马被认为是真实的，如果有必要的话，这也给了屋大维一个宣战的契机。

安东尼的亲信叛逃后，屋大维需要近六个月的时间来做准备以向克利奥帕特拉宣战，这表明罗马的公众舆论仍然存在分歧。屋大维的支持者迫切需要这六个月的时间，以使针对安东尼尤其是克利奥帕特拉的宣传舆论达到最终可以针对这两个人的程度。公元前34年的领土划分显然不像后来的诗人奥古斯都认为的那样是对祖国的背叛。直到安东尼与屋大维娅离婚，并在罗马正式宣布了他的“遗嘱”，罗马和意大利的态度才逐渐反转。“遗嘱”中表明了安东尼无论如何要葬在亚历山大港的决心，这激起了群众的嫉妒，他们把这种情绪对准了安东尼。同时，这也显示了屋大维是多么谨慎地策划行动、多么仔细地备战的。

安东尼被剥夺了所有职务。对屋大维来说，公民和各行省共同的效忠誓言造就了一个新的权力位置，取代了已经失效的三头同盟。向克利奥帕特拉宣战的仪式以一种庄严而传统的方式展开：当祭祀团在举行一种古老而传统的祭礼时，向她投掷战枪。

在罗马，对屋大维和安东尼的好感几乎是平分的。当孩子们在街上玩战争游戏时，两组孩子很容易就能找到几乎数量相同的支持者。一个来自都城的工匠，想根据预判的结果为胜者服务，结果他教了两只乌鸦，每只说一句话（Macrobius, *Saturnalien* 2,4）。一只说："向胜者致意，恺撒（屋大维）大帝！"另一只说："向胜者致意，安东尼大帝！"

第十四章　决战之际：公元前 31 年

没有公开的声明帮助我们理解安东尼的策略，或许可以在回顾历史中找到答案。公元前 49 年，在与恺撒决战之前，马格努斯·庞培在更靠北的地方驻扎。当时，他已将阿波罗尼亚（Apollonia）和底耳哈琴（Dyrrhachium）作为陆军和海军基地，并将整条战线从北部的萨洛纳（斯普利特）扩展到南部的克基拉（科孚）。

此外，对于安东尼来说，克基拉是北部的基石，他利用了希腊西海岸的自然条件。在克基拉南部有许多面积大、质量高的港口，他把舰队部署在那里。克基拉本身也有前哨。安东尼的大部分舰队驻扎在阿克提姆附近的安布拉基亚湾（Ambrakia），那里有许多碇泊处，特别是在南边。拥有出色的港口条件的洛卡斯（Leukas），由一个骑兵中队把守。安东尼的总部在佩特雷。梅托涅（Methone）和泰纳龙的舰队继续从佩特雷向南行进。更遥远的基地在克里特岛，战线的尽头是驻扎在古利奈的皮纳留斯·斯卡普斯（Pinarius Scarpus）带领的四个军团。

安东尼集结了如此庞大的军队准备进攻意大利。他的两个重点是阿克提姆和佩特雷，因此他并未决定是否一定要渡过布仑地苏门或塔兰托；屋大维也是这样理解的，因此他派军队驻守这两个港口。

然而，早在年初，屋大维的统帅阿格里帕就主动挑起争端，以让安东尼现身。他的快速战舰，拦截了来自东方的补给船，袭击并占领了安东尼在梅托涅的基地。之后他逐渐转向北方，驱逐了安东尼的几个前哨，最后一个是在克基拉，从而得以不受干扰地撤退。这主要是一次掠夺之行，但有一个极其重要的战略性副作用，即让屋大维带领主要舰队成功渡河。

屋大维带领主力部队从布仑地苏门穿过亚得里亚海。他率领8万名步兵和1.2万名骑兵顺利登陆，并朝东南方向行进。几天后，陆军和海军在托莱尼（Toryne）集结以备进一步行动。这是进入安布拉基亚海湾之前的最后一个好港口，从安布拉基亚海湾也方便通往内陆，离阿克提姆只有25英里。

住在佩特雷的安东尼收到了惊人的消息：托莱尼被敌人占领了。可以想象当安东尼和他周围的人听到这个消息时有多么恐惧（Plutarch, *Antonius* 62）。即使是用最快的船传递消息，也要花一天的时间才能送达安东尼那里。由于随行人员登船前往阿克提姆花费了相当多的时间，克利奥帕特拉和其他女人与他们同行，安东尼最早要到第三天或第四天晚上才能到达阿克提姆，而屋大维也有可能做到这一点。

然而，屋大维的进攻并没有成功。为了保护驻扎在阿克提姆的舰队，安东尼在安布拉基亚海湾仅有的700米宽的入口两侧建立了堡垒和投石机，他的军队可以在此控制这条通道。

其入口也被警卫船保护着。考虑到军队成员的安全，屋大维不敢进攻。因此，尽管安东尼的舰队到达阿克提姆时毫发无损，但对意大利的进攻暂时不予考虑，更重要的是考虑部队进攻的目的到底是什么——因为安东尼清楚地认识到他现在的处境：连接安布拉基亚内海湾和外海的海峡在两个半岛之间延伸开来，从南部和北部向外突出，有12~13公里长。安东尼的主要营地驻扎在南部半岛，这里也是他的舰队停靠的站点。其中一个停靠站点就是阿克提姆港口，它位于半岛的西侧，由强大的海军管理，并通过长墙与营地相连，以抵御攻击。

屋大维意识到直接攻击安东尼的舰队是不可能的，于是他在北部半岛安营扎寨。这个营地“位于一个高点上，从这里可以同样的方式俯瞰帕克索斯岛周围的外海、安布拉基亚内海湾以及两者之间的入口”（Cassius Dio 50, 12, 3）。舰队停靠在戈马洛斯（Gomaros）海湾，屋大维还用长墙把海军营和陆军营连接起来。

屋大维的海军基地处于不利的位置上，不能得到足够的保护，特别是对于西南的暴风雨，这导致他迅速向对手发起陆战和海战。安东尼还没有集结军队，就知道应该向屋大维隐瞒其实力并拖住他们。当他把陆军集中起来后，就发动了进攻。他带着军队渡过海峡，在屋大维基地以南大约半小时路程的一个低海拔的地方搭建了一个临时营地。双方瓜分了一个最窄的区域——大约 2.5 公里宽。

这样，安东尼就带领陆军脱离了险境，并主动提出与屋大维开战，但屋大维对这场战斗不感兴趣，于是安东尼撤回固定营地，因为阿格里帕指挥的另一场海战的胜利终于使屋大维的舰队占了上风。阿格里帕仿佛是在安东尼眼前打败了驻扎在洛卡斯的舰队，并攻占了城市。这是一种无须高估的成功，洛卡斯的失守，使安东尼失去了从海上获取补给的天然聚集地。屋大维的舰队现在有了可用的港口，从而实现了对安东尼船只的封锁。从北方和南方施压，使得安东尼的船只无法离开狭窄的阿克提姆而不被发现或不受干扰。一队巡逻船不断地巡查入口。

洛卡斯之战胜利后，阿格里帕征服了其

他港口；在佩特雷，他占领了安东尼之前的大本营，最终攻击了科林斯（Korinth），因此消除了安东尼从科林斯湾得到补给的可能。普鲁塔克对这种情况下所面临的困难进行了生动的描述（*Antonius* 68）。在他的家乡谢洛尼亚（Chaironeia），居民们当时受到了猛烈的鞭笞，被迫越过山区，将粮食运送到更远的地方，而不是近得多的科林斯湾。因为科林斯湾被阿格里帕的船只挡住了入口，粮食必须通过崎岖的陆路运到阿克提姆。

在此期间，安东尼试图摆脱这麻烦的包围。在清晨浓雾的掩护下，很难完全守住船只。他的一位将军索西乌斯驶出阿克提姆湾，向屋大维的侦察舰队发起猛攻。这虽然可以把他们吓跑，却不能摧毁他们。当阿格里帕带领船只加入战斗时，最初的胜利也已烟消云散，索西乌斯因损失严重而不得不撤退。这无疑是一场重要的心理战。安东尼结束了几个月以来萎靡不振的状态，孤注一掷，结果却以失败告终。这次失败也动摇了人们对舰队的信心。

还有什么比试图改变陆地上的僵局更紧迫

的呢？安东尼派骑兵包围了安布拉基亚湾，试图在他们的帮助下从北边观察屋大维的营地，并尽可能地阻止他们获得补给。然而，安东尼的骑兵和海军同样不幸，他们在屋大维军营入口前的一场大战中失败了。然而，逃跑时情况要严重得多，骑兵尤其明显。帕弗拉哥尼亚的戴奥塔罗斯·费拉德费亚，色雷斯人洛梅塔克斯和其他人都消失了。安东尼从希腊内陆考察归来，带回了阿敏塔斯和2000名骑手，这给他们带来了希望。他想以此增强军人的自信心。但安东尼失败了，阿敏塔斯和其他许多人一样，带着骑士去了屋大维那里，这样屋大维的骑兵就是安东尼的两倍之多。安东尼想破坏屋大维军队粮食补给的计划也失败了，同时自己的兵力补给问题却越来越难解决。由于两方正在争夺希腊和马其顿的控制权，供应变得越来越成问题。任何一方攻占希腊或马其顿的城市的成功都会削弱另一方粮食供给的可能性。

封锁战争就这样单调乏味地持续了好几个月，但它明确地揭示了这样一种结果：在舰队、骑兵和整个供给体系方面，天平越来越偏向屋大维。相应地，安东尼阵营的气氛逐渐恶化，过去勉强平息下来的争论又重新爆发了。那些想与克利奥帕特拉作战的人与那些认为安东尼与屋大维的战争只关乎罗马的人之间产生的矛盾在之前只是被压制了，并没有彻底消失。许多人从安东尼阵营中逃离的原因之一是对个人和事实问题的看法不同。然而，每一个叛逃者都加剧了大家对其首领的不信任。安东尼在营地使用了真正的监测系统，从而渲染了不祥的气氛，并引发了进一步的“叛逃运动”。

多米提乌斯·阿赫诺巴尔布斯改变战线投奔了屋大维，这对安东尼来说是一个沉重的打击。他本是一个只要效力于一方，就必会忠于职守的人。现在，他认为自己再也不能跟随安东尼了，因为安东尼终于把自己的命运与克利奥帕特拉的命运联系在了一起，而且很多人和他有着同样的感受和想法。在谋划最后的战争时，安东尼和克利奥帕特拉的关系也变得牢不可破；直到那时，传统的罗马人才成群结队地离开他。如果说所有这些导致了安东尼和克利奥帕特拉关系的紧张也不是不可能，但可能性不大。

叛逃的现象不仅出现在军官队伍中，陆军士兵和一些舰队成员也跟随他们的上级，彻底改变了阵营。他们不仅逃离了一位不再相信他会赢的将军，而且用安东尼不利的营地换取了条件较好的屋大维的营地。饥饿和疟疾加剧了叛逃，而8月和9月——这些地区最易发病的两个月即将来临。安东尼必须做点什么，否则陆军和海军就要在敌人的围剿下灭亡了。

在这种情况下，安东尼在营地召开了战事会议。在考虑如何应对时，他一开始便放弃了一种可能性：很明显，屋大维不会接受陆战。罗马人的战术没有办法迫使一个紧靠着自己阵营的敌人参加这样的战斗，那么就只剩下两种方案供讨论了。克利奥帕特拉建议进行海战。相反，卡尼迪乌斯·克拉苏则提出不战并放弃阿克提姆的阵地，到另一个条件更有利的地方进行决战。

这一计划意味着要放弃经营多年的舰队，而这支舰队在计划对意大利的侵略战争中似乎是不可或缺的，同时也意味着放弃海上的长期控制权。牺牲了舰队，甚至连尝试拯救它的勇气都没有：安东尼或许没有想到这一点，尤其是在一场海战战败之后，这条出路依然存在。如果安东尼失去了舰队，屋大维便可以更有效地切断军队的食物供应渠道，并可能逐渐占领所有的海岸。不管人们如何评估安东尼和克利奥帕特拉之间的关系，即便出于军事考虑，一场海战或至少是尝试海战，也能为从困境中营救部分舰队提供一个好的前景。

在实施海战计划之前，有必要先进行评估。安东尼能驾驭的船只只有 230 艘，最终率领的船只有 170 艘。他们是从一支大型舰队中留下来的，据说在战役开始时有 500 艘船。然而，安东尼的舰队并非全部驻扎在阿克提姆，而只是大部分。屋大维也留下了三分之一的舰队来保护意大利，他们谁都没有“押上全部家当”。

安东尼的这些船中还有 60 艘埃及的船，虽然不是真正的战舰，但对抗敌人时有两到三倍的优势。屋大维率领的从布仑地苏门出发的中型舰队，由 230 艘船和阿格里帕的船队组成。虽然屋大维的船比安东尼的小得多，但却能承载更多士兵。安东尼安排20000名步兵和2000名弓箭手加入他的舰队，普鲁塔克写道（*Antonius* 64）：屋大维的士兵大概是这个数字的两倍。

我们可以假设双方都大致了解对方的实力。因此，对于安东尼来说，这根本不是击败和摧毁对手的问题。他只能实际一点，用武力攻破屋大维的封锁，从而获得公海。与此同时，陆军不得不离开其在阿克提姆的阵地，前往安全地带。

卡西乌斯·迪奥，作为阿克提姆之战最可靠的信息来源，准确地描述了克利奥帕特拉的计划（50, 15, 1）："克里奥帕特拉的意图，即只想通过驻军保护最坚实的部分，而将其他军队派往埃及，被战事会议采纳。但他们不想返乡或公开逃亡，而是武装起来，准备打一场海战，万一敌军抵抗成功，他们至少还有一条退路。"所以，舰队还是要驶向埃及的。普鲁塔克（*Antonius*, 90）将这一过程与帕里斯在逃跑时躲进海伦[①]怀里联系起来，这个比较虽然诙谐却并不恰当，毕竟它扭曲了事实。

① 帕里斯与海伦，希腊神话中的人物，是情人关系。

安东尼烧毁了他不能驾驭的所有船只，因为它们暂时失去了用武之地，就算安东尼的计划成功了，这些船以后也不能再用了，因为他们想带着舰队冲向埃及。虽然与所有传统的海战技术相违背，但对此次作战计划来说，将主帆投入战斗是必要的。这些帆阻碍了所有的机动动作，使安东尼本来就很重的船只更加不堪重负，但封锁解除后，要想在公海上航行，就必须使用这些帆。带上主帆的原因必须向士兵们解释一下，因为他们未被告知实际的作战计划。安东尼要带上船帆，这样一来，在胜利之后，敌人的船只就无法逃脱，我们不知道这个没什么说服力的论点有多少人相信。安东尼让人把营地里所有的贵重物品都搬上了船，包括宫廷所需的财宝和侍从，克利奥帕特拉和她的60 艘船则在战线后方严阵以待。

安东尼将军队托付给卡尼迪乌斯·克拉苏，他既是克利奥帕特拉忠实的门徒，也是屋大维的死敌。接到命令后，船一启航他就离开了。当屋大维在海战后的第二天早晨攻击安东尼的营地时，那里早已空无一人了。克拉苏已经向马其顿出发了。

就像在安东尼和克利奥帕特拉的营地一样，对方阵营也有两种不同的计划可供参考。一是让敌军舰队畅通无阻地出航，这将证明安东尼不敢参加海战。然后全世界都会明白，他的撤退是一种逃避，这是一种道德上的胜利，可能会收获颇丰，尤其是阿克提姆的军队。舰队可能在逃跑时被俘。

但阿格里帕反驳道：谁能保证追得上敌方舰队？当风向有利的时候，它就能够领先，这是无法控制的。如果两支舰队都扬帆起航，安东尼的重型船就能和屋大维的轻型船跑得一样快，这样就不可能追上他了。阿格里帕继续反驳道，安东尼在古利奈和埃及仍有相当数量的军队。如果他带着整个舰队，连同战争资金和22000名精选的战士甚至是阿克提姆陆军的精锐再次聚集在埃及，后果将不堪设想。到那时也许一切又要重新来过了，因为还不确定阿克提姆的陆军是否会投降。阿格里帕警告大家，不要损害在阿克提姆取得的战果，并建议阻止安东尼和克利奥帕特拉逃跑。

屋大维确信，一切都已准备就绪，并将作战指挥权交给了阿格里帕，就等在阿克提姆见分晓了。但是一场可怕的暴风雨又使他们耽搁了四天。

第十五章　公元前31年12月2日：阿克提姆之日

舰艇的类型和装备决定了双方的战术。安东尼拥有的大多是大型战舰，是真正的巨轮。这些船本身已经很难驾驶，又没有配备完善的驾驶团队，因此在操作性上不如屋大维的舰队。因此，安东尼不可能指望用撞击的方式来对付敌舰，敌人也很容易通过巧妙的转弯来躲避。安东尼战舰的优势在于炮兵和船员。因此，大家准备用大石头和投石机来攻击敌人。安东尼的船体要高得多，这本来就是优势，而在甲板上建炮塔，又使这一优势得以加强。他的战术是向敌人发出“枪林弹雨”。如果能靠近敌方，安东尼想擒住他们并登上他们的船只。

与此相反，阿格里帕的优势是船的机动性。他必须在靠近敌军的时候试着摧毁敌船的桨，击碎敌船的舵或者通过撞击损毁敌船的侧翼。阿格里帕的船不能被困住或被逼停，否则他们一定会战败。

和许多陆战一样，对于阿克提姆的这次海战来说，为各自的战术找到有利的“地形”也是很重要的。安东尼知道浅水会使阿格里帕的船只失去机动性，从而把战斗变成一场持久战。他的炮兵优势会因此发挥出来，而又宽又深的海则会产生相反的效果。有了这些战术指导方针，最后一场古罗马著名海战终于打响了。

按照安东尼的计划，他停在海湾的入口，其船队排成一长列，紧紧地挨在一起，等待着敌人的进攻。狭窄的队列和浅水可避免敌人接触和摧毁船桨。如果炮兵能对敌人造成重创，那么安东尼就会高歌猛进，乘风破浪，夺取公海。中午的时候，这种风一般会把船吹向南方。可能正是基于这个原因，安东尼才亲自指挥北翼作战。如果他先发动进攻，前线就会自动转向南方，这正是他想要的方向，海风则会从他的背后吹过来。然而，这些考虑的先决条件未被满足：阿格里帕没有履行他计划中的职责。他甚至没想到要进攻。毕竟，他认为根本不需要战斗，而风也不像预期的那样吹。他迫使安东尼的左翼和南翼向前行进，这使前线转向了北面而不是像安东尼计划的那样。正对这个侧翼的屋大维，立即把船撤回去，引诱敌人远离海岸，进入对屋大维更有利的更深的航道。为了与舰队保持联系，安东尼只得前进。屋大维也用阿格里帕的方法对付安东尼，安东尼的战术此时只能随风而逝了。

安东尼战舰的指挥官可能误把敌方的海军行动视为逃跑，因为他们一直前进。但当南方的屋大维和北方的阿格里帕到达更深的水域时，就可以充分利用船只的优势，于是他们停了下来，调转船头，将航线向左右两侧延伸。由于人数上的优势，他们能够拉开宽阔的弧线，安东尼的船只对此毫无抵抗之力。他们的船线越来越松，最后从中间撕开。安东尼的战术失败了，阿格里帕运筹帷幄，占尽了所有的优势。

卡西乌斯·迪奥详细地描写了战役的下一阶段（50，32，1-8）。阿格里帕的快船包围了孤立无援的对手。他们以最快的速度向安东尼的船驶去，以便尽可能缩短被敌军石炮攻击的时间。在被敌军抓住之前，他们立刻转变航向。尽管如此，还是对敌人的船桨、船舵造成了相当大的损害。他们用这种方法破坏了几艘大船后，又顺利地集结了三四艘船，一个接一个地与敌方巨舰近距离搏斗以征服他们。火和风最终导致了安东尼船只的毁灭。

这一切就像惊人的戏剧一样在克利奥帕特拉的眼前上演，她和她的60艘船以及财宝跟在安东尼后面。南翼的突袭一定让她和幕僚们大吃一惊。在行动失败后，她眼瞧着安东尼也即将落败，而且这一点正随着每一艘燃烧的船变得越来越明显。她失去了之前计划中的保护，迟早会受到敌人的攻击。在这种情况下，她必须做出决定并采取行动。她实施了她的部分计划，用中型舰队避开了敌军和友军的船。现在安东尼也不再犹豫了，他放弃了那艘可能已被敌军挤压或严重破坏的战舰，并登上一艘小船，幸运地避开了敌方的船舰。所有能跟上他的人都跟上来了。炮塔、器械、沉重的负载都从船上抛了下来以减轻船的重量，帆也升了起来以充分利用风势。在混乱中，许多人一开始完全没注意到这位大将军的离去。然而，战争最终以阿格里帕和屋大维在阿克提姆取得胜利告终。

第十六章 死亡之谜

安东尼的确在阿克提姆逃过一劫，拯救了四分之一的舰队，另外还有一些部队供他使用，以及他继续发动战争最需要的东西——战争资金。然而，这次失败是毁灭性的。战斗结束后仅仅 7 天，阿克提姆的陆军就在进军马其顿中途投降了。安东尼投降后，屋大维以同样的方式让他们离开，并许诺他们在意大利拥有一席之地。如此，士兵们还能有什么别的想法吗？

后来，胜利者在宣传时将阿克提姆海战缩减成为期一天的战役，后续战争也被简化为一场战役。与此同时，安东尼的统治接连崩溃，他首先从阿克提姆航行到古利奈这个边境要塞，再从那里匆匆赶往他在昔兰尼加的军团。

皮纳留斯·斯卡普斯领导的古利奈军队拒绝由安东尼率军前往埃及。直到此时，安东尼才认输。他第一次试图自杀，却被亲信们阻止了，这并非发生在阿克提姆海战失败当天，而是在皮纳留斯·斯卡普斯背叛他之后。尽管如此，安东尼还是再次站了起来，但却无法阻止原先听命于他的总督或附属国王逐渐涌向屋大维。希律王也背弃了安东尼，阻止叙利亚的军队与其会合。

阿克提姆战役之后的一年，屋大维和阿格里帕对阿克提姆难民的精力、抵抗力和生命力进行了高度评价。屋大维准备了差不多一年，才敢踏上埃及——克利奥帕特拉的土地，在那里还有安东尼的大部分后备军。

与安东尼相反，克利奥帕特拉试图从阿克提姆尽快赶到埃及，如果失败的消息在她到达埃及之前传到亚历山大港，就可能引发暴动。这就解释了为什么他们的船只进入港口时像胜者一样都带着花环，周围笛声和歌声飘扬，似乎在庆祝胜利一般。

回来后，克利奥帕特拉开始征收庙宇的各种财产，为抵抗屋大维筹集资金。在阿拉伯海湾，她组建了第二支舰队，据说这支舰队的任务是把女王和她的财宝带到安全的地方。叙利亚总督昆图斯·迪迪乌斯（Quintus Didius）转投屋大维时，把船都烧了。亚历山大港的居民在公元前31年与公元前30年之交的冬季庆祝了另一个盛大的节日，即宣布安东尼的儿子小安东尼，又称安提勒斯（Antyllus）和克利奥帕特拉的儿子恺撒里昂成年。恺撒里昂被登记为亚历山大港的公民，安提勒斯作为罗马公民被授予成人托袈袍。或许，这次成人礼表明了克利奥帕特拉第一次考虑她的继承人选。

根据历史资料，安东尼和克利奥帕特拉当时分别向屋大维传递了消息。据说，安东尼曾请求允许他作为一个普通人在亚历山大港或雅典生活，好像这个曾经主宰半个世界的人能再次成为一个普通公民似的！

克利奥帕特拉则送去了她的王位标识，请求允许她的孩子们统治埃及，确保托勒密王朝的延续：这在她父亲在世时就已经是政治的核心主题，她从小就知道这些。奥勒忒斯为实现这个目标投入了大量的时间和金钱，这也决定了克利奥帕特拉统治时期与恺撒和安东尼之间的关系。当她看着儿子想到恺撒的时候，她就不能，也许也不想看清她的要求有多么荒谬。对于屋大维来说，克利奥帕特拉是值得考虑的，因为从明面上看女王是有价值的。这绝不是肤浅地将她展示在凯旋的游行队伍中，而是她拥有屋大维迫切需要的珍宝，因为他需要财力来养活自己和安东尼手下的退伍军人，以及巩固在意大利的统治。克利奥帕特拉在伊希斯神庙旁边竖立了一个巨大的墓碑，里面存放着金、银、宝石、珍珠、象牙、乌木、珍贵的香料，还有大量的火绒和麻絮。

公元前30年夏天，屋大维在没有遭遇任何抵抗的情况下占领了叙利亚—巴勒斯坦海岸，而贝鲁西亚也被轻易占领了。的确，虽然安东尼在一场骑兵战斗中又取得了一次胜利，并和克利奥帕特拉一起授予最值得嘉奖的士兵一副金胸甲和一顶头盔；但非常讽刺的是，这名士兵立即被调到了屋大维的营地。这可能是这个故事中最意味深长的一段，普鲁塔克以此强调安东尼的绝望处境（*Antonius* 74）。几天后，当舰队倒戈屋大维时，骑兵也步其后尘。

公元前 30 年 8 月 1 日，屋大维攻占了亚历山大港。同日，安东尼死亡。胜利者乐此不疲地重复安东尼在阿克提姆是如何可耻地抛弃了他的士兵。最终，他以自杀逃避了最后的责任。即使是罗马历史上最无能的失败者 C. 弗拉米尼乌斯（C. Flaminius），死于公元前 217 年特拉西梅诺湖战役，也比安东尼得到的评价高，因为他在战斗中的“牺牲”为其在后世赢得了荣耀。

屋大维允许克利奥帕特拉为安东尼举行葬礼，排场盛大，时间大概是公元前 30 年 8 月 2 日或 3 日。之后，克利奥帕特拉试图以绝食结束生命，但屋大维威胁要报复她的孩子，于是她很快就放弃了。在 8 月 8 日左右，亚历山大港的征服者和克利奥帕特拉进行了谈判。

和古代历史学家的叙述中经常出现的情况一样，关于这次会谈也有不同的说法，这是无法调和的。按照卡西乌斯・迪奥的说法，克利奥帕特拉出现在屋大维面前，就像第一次与恺撒或安东尼相遇时一样：既美丽又淫荡。她带着恺撒的信，跪在屋大维面前，施展她的女性魅力，“但于屋大维而言，她的美丽远不如贞洁”（Florus 2，21，9）。相反，普鲁塔克将她描述为一个哭得眼睛红肿，只穿着内衣的女人，脸和胸部都被安东尼的丧服刮伤了（*Antonius* 83）。她精神崩溃了，只想一个人待着，但求一死。

第二天，克利奥帕特拉从科尼留斯·多拉贝拉那里得知，屋大维决定带她去罗马庆祝胜利。她不想重蹈妹妹阿西诺伊在恺撒统治下的覆辙，于是请求屋大维允许她再次前往安东尼的坟墓。请求得到了允准，她在 8 月 10 日左右去了情人的墓地，然后自杀了。普鲁塔克记录了她最后的祷告（*Antonius* 84），最后的话是留给安东尼的。这些遗言见证了一个女人的伟大爱情——或者说正好符合普鲁塔克擅长的悲剧风格：“在我无数的叹息声中，没有一声像我在没有你的这几日里那样苦涩和剧烈。”

公元 79 年，赫库兰尼姆维苏威火山爆发，从保存在泥浆中的莎草纸卷中，人们发现了一部“关于埃及战争”的史诗的碎片。佚名作者描述道，克利奥帕特在亚历山大港集市中心让罪犯尝试不同的死法。对于牺牲者痛苦的细节描写能让古代的读者感同身受。克利奥帕特拉不需要经历这样的场景，但不意味着她没有在死亡时上演这样的故事。至少人们对她的死亡存在分歧，比如使用毒药或毒针，我们遵循古代最被认可且最为流行的说法：通过被蛇咬而自杀。然而，这无关她通过死亡获得永生的问题。在她的一生中，她已经是好几个神：作为女王，她是太阳神的女儿，是新的伊希斯，也被当作阿弗洛狄忒崇拜。作为太阳神的女儿，当她死的时候，无论如何都是与神结合的，应该以神的方式死去。但她最终还是以埃及女王的方式结束了自己的生命。

被蛇咬死是一种具有仪式感的自杀行为。乌赖乌斯蛇被认为是太阳神的圣物，是法老特有的象征突出地装饰在王冠上。蛇是一种死亡工具，它威胁着法老的敌人，同时使统治者得到神圣的父亲拉（Re）的保护。

上述关于她死亡秘密的分歧为她因蛇咬身亡提供了有趣的延伸探讨：埃及女王是被几条蛇咬死的？最早的罗马目击者认为，克利奥帕特拉准备了好几条蛇，至少两条；后来流传的说法是她在自杀时只用了一条蛇。在这个错综复杂的猜测中，还有一种更趋近于现代的观点值得一提。根据古老的记载，克利奥帕特拉因手臂被咬伤而身亡。在后来的诠释中，尤其是在绘画中显示咬痕是在胸部，如马卡特（Makart）的画，这样的表现更有视觉冲击力。

人们发现克利奥帕特拉穿着皇家长袍，这被认为是伊希斯的长袍。屋大维显然相信，或希望人们相信她是被蛇咬死的。卡西乌斯·迪奥写道，屋大维试图救活她（51,14,3-4）：他召来了以能从伤口处吸出毒液而闻名的医师；然而，他们来得太晚了。在第二年的罗马凯旋游行中，有一幅绘有克利奥帕特拉手臂环绕着蛇的画作。

克利奥帕特拉的御医奥林波斯（Olympos）后来公布了她的死亡，而我们今天所得到的信息很可能就是来源于他。无论他是在说真话，还是想让他的故事听起来生动，或是取悦罗马人，这都是他的秘密，也许他的叙述毫无价值。克利奥帕特拉或许不是死于蛇咬，而是死于口服了植物毒汁。尽管有一些看似说得通的解释，但她的死仍然充满了神秘感，足以在未来继续激发人们的想象力。

克利奥帕特拉孩子们的命运就没那么神秘了。托勒密·恺撒，时年 17 岁的在位国王，曾被克利奥帕特拉和他的教仆送往红海。屋大维把他遣送回亚历山大港后立即杀害了他。现在屋大维可以肯定自己是恺撒的“独生子”了。

屋大维把克利奥帕特拉和安东尼的孩子交给他的姐姐，也就是安东尼的前妻抚养长大。克利奥帕特拉·塞勒涅两个兄弟的命运未被提及。她自己成为努米底亚王子尤巴的妻子。公元前 25 年，毛里塔尼亚的王位空缺，罗马人让他当了国王。所以在两个时代交替的时候，在非洲的西端还有一位埃及王后。

屋大维在征服了亚历山大港和克利奥帕特拉死后才算彻底胜利。他通过征服亚历山大港将克利奥帕特拉的“Sextilis”（拉丁文6月的意思）重新命名为“August”（8月），这一事实表明了罗马人对其战胜克利奥帕特拉的高度评价。

第十七章　现在让我们举杯吧——罗马人的凯旋

直到克利奥帕特拉死后，贺拉斯（Horaz）才唱响了他的胜利之歌:《现在让我们举杯吧！》（*Nunc est bibendum*）：

> 现在让我们举杯吧！现在用自由的脚踩在地上吧！
>
> 现在来享受萨利安的感恩之宴，
>
> 来装饰神的座椅吧！
>
> 现在是时候了，朋友们！
>
> 直到现在都是一种亵渎，
>
> 从祖先的地窖取出高档的（意大利产的）凯库布酒，

疯女王的垮台还在威胁着都城，
帝国也面临毁灭的威胁。
她自己和错乱的，
病态的，毫无节制的男人是一伙，
渴望一切，喝下甜蜜的幸运之酒！
但这降低了她的错觉，
几乎没有一艘船逃过火海。
马留提斯（埃及）酒造成的麻木头脑，
让她公开逃跑，
恺撒（屋大维），划桨追击，
那个逃离意大利的女人，
像鹰追逐轻柔的鸽子，
像敏捷的猎人追逐雪地上的兔子。
荷莫尼斯（色萨利）——他被铐着，
罪恶之恶魔！而她的思想被指引着，
不以女人的方式，更有尊严地死去，
她对着剑颤抖，或试图乘着飞快的舰艇，
到达未知的海岸。
她勇敢地看着皇家城堡变成一片废墟，
带着冷静的神情，勇敢地抚摸着狂躁的蛇，

让它的黑色毒汁浸入她的身体，

甚至比计划周密的自杀还要野蛮。

因为她嫉妒野蛮的利伯尼亚人，

在骄傲的胜利游行中将她以废后展示——而不是低贱的女人。

沉醉在喜悦中，贺拉斯（*Oden* 1, 37）的话语像美酒一样滔滔不绝。这首歌原本是一首饮酒歌，后来被改编为颂歌，讲述了克利奥帕特拉威胁罗马的存在、屋大维的胜利以及克利奥帕特拉自杀的故事。颂歌以罗马人的庆祝之酒开始，与克利奥帕特拉最后的死亡之酒形成对比。中间的段落是描述这位统治者醉酒的样子，她无法控制自己的理智，因而看不清现实。

第 5~12 节将克利奥帕特拉描述为狂妄自大的“实干家”，她甚至想摧毁都城罗马。从第 12 节开始，她不再是“主体”和“人”、“女王”和“女人”这样的形象，而是作为一个“客体”出现。屋大维以猎人的形象出现，以“实干家”的身份占据主导地位。他面对的不是“人”和“女王”，而是疯狂、醉酒、怪物，所有这些负面的评价组成了克利奥帕特拉的化身：用贺拉斯的话说就是致命的怪物、可怕的恶魔。有多少讶异和蔑视，就有多少赞美。此外，它还有一种宗教内涵：在这样的表达中，邪恶之前是神圣的战栗。克利奥帕特拉从两方面扰乱了世界秩序：作为一个女人和作为罗马的敌人。直到最后，她才再次成为"主体"和"人"。女王被剥去了华丽的外衣，就站在我们面前。只有在结尾，当她自杀的时候，才出现了一句正面的描述：克利奥帕特拉不是一个卑微的女人（non humilis mulier）。因为罗马贵族终于理解了她的自杀行为，也即从失败中得出了相应的结局。

回顾过去，贺拉斯认为阿克提姆的胜利是对抗埃及的战争中一个重要的转折点；但直到克利奥帕特拉死后，罗马才恢复了安全和自由。在接下来的一段时间里，史上最伟大的战役——阿克提姆战役成为焦点。维吉尔和普罗佩提乌斯（Properz）对这一事件的再现，也就是流传至今的"阿克提姆传说"。

维吉尔在《埃涅阿斯纪》第8卷（*Aeneis*

8, 675-713）中对军事冲突和克利奥帕特拉扮演的角色进行了深刻的描述和阐释，并对比了东西部的具体状况。一边是奥林匹斯诸神、公民、元老院和化身为神的屋大维：火焰从他的太阳穴喷射而出，他同样被奉为神的父亲恺撒许诺帮助他。另一边是安东尼和他的“埃及情妇”，维吉尔对他们的关系只用了“亵渎”（nefas）这个词来描述。安东尼已经不是罗马人了，所以他在实际的战斗中没有扮演任何角色。作为诗人，维吉尔忽略了这个事实，把克利奥帕特拉放在了敌军的中心位置。她并不以“人”的身份发出命令，而是用伊希斯的号令，指挥着野蛮的民众。于是，一方面是尼普顿、维纳斯和密涅瓦，另一方面是其他埃及动物神，比如阿努比斯。最后，太阳神阿波罗出面干预，他拉开弓，把这个可怕的幽灵干掉了。所有东方的外域民族——埃及人、印度人、阿拉伯人和塞巴人，都在克利奥帕特拉的带领下逃跑了。

屋大维试图让人们忘记内战的耻辱。因此，安东尼的名字几乎到处被掩盖，或者被时而明显、时而含糊的影射所替代。贺拉斯有一个经典问句（*Epode* 9）：“后人们，你们相信吗？这个罗马人被卖给一个女人，作为士兵（为她）背着用于筑堡的木桩和武器，并接受满脸皱纹的太监的命令。”但由于罗马人和屋大维的故事中需要一个对手，尤其要正式对抗外部敌人，人们的目光便越来越集中在克利奥帕特拉身上，她是唯一的对手。

“就像在画中，翁法勒拿走了赫拉克勒斯的棒槌，披上了他的狮皮，克利奥帕特拉也经常解除安东尼的装备并戏弄他。”普鲁塔克对这两个人的刻画符合一个古老的主题，这在克利奥帕特拉时代具有现实意义，因为安东尼本身就被认为是赫拉克勒斯的后代（*Antonius* 90；也可参见本书第八章）。相应的，一种对调的、扭曲的角色行为由此衍生而来：“安东尼的行为像个女人一样。”据说这是屋大维在阿克提姆战役之前，在路上跟他的士兵说的（Cassius Dio 50, 27, 4. 6）。克利奥帕特拉领导着男人，颠覆了自然秩序。其“男性”行为模式之一就是酗酒，根据普罗佩提乌斯（*Elegie* 3, 11）的记载，女王临终前只能用“被酒哽住的声音”喃喃自语。

后世即使抗议将这位美丽的女性描述为历史上掌权的祸害，如荷马第一次将她比作美丽的海伦引入西方文学，对于她的根本观点也依然不变，罗马的诗人、雄辩家、历史学家都坚持这个观点，漂亮女人克利奥帕特拉和一代又一代的偏见捆绑在一起："蛇蝎美人"、放荡的情人、勾引者、皇家妓女。正是克利奥帕特拉的对手们把她描绘成男人的对手，同时也是男人欲望的理想对象。奥里利乌斯·维克多（Aurelius Victor）在4世纪简要地描述了这些观点（*Berühmte Männer* 86, 2）："克利奥帕特拉是如此淫荡，她经常堂而皇之地勾引他人；她又是如此美丽，以至于许多人可以自己的死亡为代价与她共度一夜。"通过把克利奥帕特拉描绘成一个谋杀男人的海妖，人们塑造了一个符合男性占有欲的梦幻形象。

由于对埃及女王发动战争需要一个理由，克利奥帕特拉的野心也随着罗马历史记载中事件的增多而逐渐凸显。反对她的战争最终变成了一场争取自由和荣誉的战争，崇尚道德和反对奸淫的战争。最初是两个派别之间的冲突，在诗歌和史料记载中则以拯救了野蛮的东方和受希腊影响的君主制而结束。为了展示来自东方颇具威胁性的危险，普罗佩提乌斯使用了维吉尔和贺拉斯在他之前使用过的主题，他的成就在于，超越了后两位学者所描绘的这位埃及女人的特征。没有人比他更偏激、更恶毒地描绘克利奥帕特拉的形象：在他的笔下，她最终变成了一个妓女。克利奥帕特拉在朱庇特神殿搭起卧榻，并在她的爱情营地里聊着正义，这一怪诞的画面是侮辱的高潮，也是愚蠢的高潮（Properz, *Elegie* 3, 11, 45–46）。这不再是一次严肃的政治攻击，而是纯粹的妖魔化。

卢坎对她的侮辱也没有停止：埃及的耻辱，拉提姆（Latium）可怕的愤怒，她的淫欲使罗马付出了巨大的代价（*Pharsalia* 10, 53–69）。当描述克利奥帕特拉统治全世界的可能性触手可及时，他最终屈服于这个传说："一个女人，一个外来人能否赢得全世界？鲁卡迪亚（Leucadia）海潮的命运还真是摇摆不定。”

据说，埃及艳后为了缅怀罗马的众多反对者而宣称：“我不会装饰凯旋的游行队伍。”（Livius bei Porphyrios im *Kommentar zur Horaz-Ode* 1, 37, 30）普罗佩提乌斯对这个想法颇有微词（*Elegie* 4, 6, 65－66），并这样羞辱她：“一个女人孤零零地走在从前由朱古达（Jugurtha）[1] 率队走过的街道上，那将是怎样的一场胜利游行！”她的自杀救了她，她也不需要看到埃及的方尖碑——国家的神圣象征之一——成为屋大维胜利的标志，其在罗马已沦为一个超大的日晷指针。而屋大维在此期间被称为奥古斯都。

克利奥帕特拉为托勒密王朝的王位而战。她在恺撒的帮助下保住了王位，并希望和安东尼一起，扩大王国的权力范围。在亚历山大港那些幸福的日子里（见第十一章），有那么一小段时间，她离自己的梦想非常近，甚至相信梦想已经实现了。克利奥帕特拉作为女王和女人，用尽一切手段进行战斗。记录就到此为止

① 朱古达，努米底亚的国王。

吧。她对恺撒或安东尼的感情是不能被猜测的。一段关系的真实状态最终总是对外界保持封闭，偶尔也会当局者迷。人们一直在问：埃及艳后是好人还是坏人？无论如何，她至少初心未改。

第十八章　永远的克利奥帕特拉：艺术与商业

克利奥帕特拉！很多女人都叫这个名字，但大家几乎只能想到一个人：克利奥帕特拉七世。对一些人来说，她的名字让人联想到一位重要的统治者的形象——众王之女王；对另一些人来说，她的名字代表着恺撒重要的情人，而她的第二个情人是安东尼。还有一些人在她身上看到了象征性的和字面的意义，即谋杀男性的野兽，淫荡的妓女，通奸的女人，疯狂的挥霍者，奢侈、异国、情色的象征。一千个观众眼中就有一千个克利奥帕特拉，而很多人眼中的她正反映了他们对女人的厌恶。

很少有女性能如此吸引画家、作曲家、作

家和电影导演。无论哪个时代，她本人和她的名字都成为男人们美梦和噩梦的代号。

无数画作都是基于各个国家的审美和各个时代的品位完成的。自文艺复兴以来，人们常常以她的光辉和死亡时的悲惨来描绘她。1473年在乌尔姆（Ulm）出版的一幅薄伽丘的木刻版画，遵循了古老的自杀版本：两条长着老鼠耳朵的引人注目的蛇咬着她“贞洁的”前臂（见图6）。

薄伽丘在其1361年的作品《名媛》（*Famous Women*）中展示了104个古代女性形象，其中就包括克利奥帕特拉。对薄伽丘来说，克利奥帕特拉代表着美丽，但也代表着贪婪、残忍和欲望。1473年的木刻系列作品将这一主题转换成了图像语言。图6左半部分展示了她赢得了1000万赛斯特斯赌注（见第十章）。克利奥帕特拉一边喝着溶解了的珍珠，一边挑衅地看着旁边的两个男人。安东尼举起手指予以警告，而另一个人吓得盘子都掉了下来。安东尼戴着王冠，这象征着他的身份；克利奥帕特拉戴着头饰，当时的教会认为这是淫乱和私通

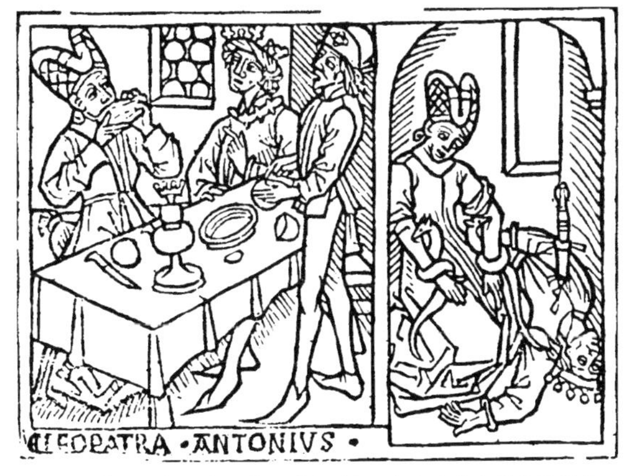

图 6　薄伽丘木刻系列作品《名媛》：安东尼和克利奥帕特拉

的象征。

这种行为的后果是很清楚的，并在图 6 的右半部分被展示出来。安东尼没能阻止克利奥帕特拉的恶毒行为，反而躺在地上被人谋杀了，这张图让人们产生的联想是，克利奥帕特拉把剑刺进了他的胸膛。然而，杀害男人的女人后来并没有得到应有的惩罚。关于克利奥帕特拉的文学之路和绘画之路就由此开启了。大多数画作都以这两个情节为主题：有 60 多位画家描绘了克利奥帕特拉的盛宴，有 150 多位画家描绘了她的死亡。

尤其是巴洛克艺术家，他们从克利奥帕特

拉的活动场景中取材，经常将她备受谴责的生活作风与正面的例子进行对比。她在亚历山大港的华丽宫廷尤为激发了威尼斯人的想象力，他们可能常常把她和追求排场联系在一起。在拉比亚宫，蒂埃波罗（Tiepolo）创作了《安东尼和克利奥帕特拉在塔索斯的会面》《克利奥帕特拉的宴会》等巨幅壁画。

19 世纪的画家把克利奥帕特拉带到土耳其的公共浴室，带到了东方。在屋大维的宣传中，克利奥帕特拉作为一个女人和一个东方人，是欧洲帝国主义时代男性幻想的对立面：她是东方，东方是女性。汉斯·马卡特的不朽画作《克利奥帕特拉之死》（1876 年）是大量同主题作品中的巅峰之作。在这幅画中，克利奥帕特拉把一条毒蛇放在胸前，撩人的情欲，东方的奢华，一如她向人们展示的那样（见图 7）。

克利奥帕特拉这一主题在歌剧舞台上也很受欢迎。自 1633 年威尼斯人朱利奥·瓜兹尼（Giulio Guazzini）创作了《戏剧性歌剧》（*opera drammàtica*）以来，它被编成了 100 多部歌唱剧、歌剧、小歌剧和芭蕾舞剧。至少有

图 7 《克利奥帕特拉之死》，汉斯·马卡特画作，1876 年

两个著名的歌剧片段以克利奥帕特拉开场：在皮埃尔·高乃依（Pierre Corneille）创作了悲剧之后，1742 年的柏林皇家剧院，也就是后来的柏林歌剧院，演出了乔瓦尼·瓜贝尔托·伯塔雷里（Giovanni Gualberto Bottarelli）的《庞培之死》（*La mort de Pompée*），并由卡尔·海因里希·格劳恩（Carl Heinrich Graun）谱了曲子——《克利奥帕特拉和恺撒》（*Cleopatra e Cesare*）；1966 年，纽约大都会歌剧院演出了赛谬尔·巴伯（Samuel Barber）和佛朗哥·泽菲雷里（Franco Zeffirelli）的作品《安东尼和克

利奥帕特拉》(*Anthony and Cleopatra*)。

如果列举出所有以这个女人为主题进行创作的诗人，那就数不胜数了。文献学“大师”西奥多·贝斯特曼(Theodor Besterman)在20世纪初提供了一份诗人的名单，从普鲁塔克到薄伽丘、莎士比亚、高登齐奥(Gaudenzio)、罗哈斯·佐利拉(Rojas Zorilla)、马蒙泰尔(Marmontel)、科策布(Kotzebue)、贝塞尔(Bethell)、布莱希特(Brecht)和怀尔德(Wilder)，这里只提几个。

现代对于克利奥帕特拉的理解和接受以乔瓦尼·薄伽丘为开端，正如上文所述，自古代以来，他在1361年第一次讨论这个话题。

威廉·莎士比亚的《安东尼与克利奥帕特拉》(*The Life of Anthony and Cleopatra*)于1608年首次上演，是17、18世纪众多作家的范本。该戏剧被翻译成120多种语言，至今已有1500多个版本。这部作品塑造了克利奥帕特拉独一无二的形象，无关学界内外。

莎士比亚描写了以毁灭告终的热恋。他在《性感的赞歌》(第2幕第2场)中塑造了克利奥帕特拉的人格，至今未变：

年龄不能使她衰老，
习惯也不能使她黯然失色。
其他女人久处而生厌，
她却愈处愈让人饥渴，
因为最丑恶的事物也让她如此圣洁，
即使她卖弄风情，神圣的祭祀也为她祈福。

帕加尼诺·高登齐奥于 1642 年在比萨写下了《克利奥帕特拉——埃及女王》(*Di Cleopatra reina d'Egitto la vita considerata*) 一书，其中描绘了克利奥帕特拉的两种“生活”，一种是历史上的，另一种是想象中的。

1645 年，弗朗西斯科·德·罗哈斯·佐利拉创作了戏剧《克利奥帕特拉的蛇》(*Los aspides de Cleopatra*)，就连女王的蛇也成为专门的创作主题。这条蛇似乎也是让-弗朗索瓦·马蒙泰尔 1750 年创作的戏剧《克利奥帕特拉》中的主要道具。在克利奥帕特拉死亡的那一场戏中使用了机械蛇，但没有得到预期的反响。一位评论家称（Ponce Denis Ecouchard Le Brun, *Epigramme* 2, 17）：在关于克利奥帕特拉的出色戏剧中，机械蛇登场了，发出如此强烈的嘶嘶声，以至于地板和舞台一齐发出嘶嘶声，提词人听到了这个，认为他仍须继续提词，于是他也发出嘶嘶声。

早在1805年，奥古斯特·冯·科策布就创作了大量讽刺克利奥帕特拉的作品，在其中一部讽刺作品中，托勒密十五世穿着水手服出场。他笔下的克利奥帕特拉对恺撒被杀的反应如下（*Cleopatra* 第1幕）：

> 我的恺撒去世了！带着他所有的欢乐！
> 所以我喝着绿茶，读着《维特的烦恼》。

在这个几乎每位作家或想成为作家的人都尝试讨论的话题上，出现诡异的内容是在所难免的。1921年，伦敦的大英图书馆收到了英国人A. J. 贝塞尔的作品：《从克利奥帕特拉到基督》（*From Cleopatra to Christ*）。作者试图证明克利奥帕特拉并没有死于公元前 30 年，而是多次改变身份，并最终以圣母玛利亚的身份成为耶稣的母亲。

在 20 世纪的诗歌中，克利奥帕特拉代表着充满爱意的女人和意志强悍的伴侣这两个极端。贝托尔德·布莱希特在《三分钱歌剧》（*Dreigroschenoper* 第 3 幕第 1 场）中表现了其中一个极端：

> 你看到了美丽的克利奥帕特拉，
> 你知道她带来了什么！
> 两个皇帝都成了她的牺牲品。
> 她淫乱至自刎，
> 枯萎为尘土。

在《三月十五日》一书中，桑顿·怀尔德让他笔下的恺撒讲述了关于克利奥帕特拉的故事："她可能已经成为一个更加卓越的女人。去交谈，去交谈！很荣幸再次……是她提的问题！……在我们的世界里，所有人都是昏睡的，除了你，克利奥帕特拉！"

没有什么能比电影更鲜明地塑造克利奥帕特拉的现代形象。法国人乔治·梅里埃（Georges Méliès）的《克利奥帕特拉》（1899年）便属于电影先驱时代的作品。1934年，克劳黛·考尔白（Claudette Colbert）在塞西尔·B. 戴米尔（Cecil B. DeMilles）的电影《埃及艳后》中饰演埃及女王，并一举成名。导演在这部电影中描绘了那个时代的美国女性，在性和经济上都是独立的。女王向恺撒建议说："我们可以一起征服世界。"恺撒答道："很好，你把我也算在内了。"克劳黛·考尔白，作为一位运动型女演员，在很长一段时间里都代表着克利奥帕特拉的形象。商业化和随之而来的销售热潮促成了这一点，即使它不能与20世纪80年代的电影相比。克利奥帕特拉香水可以在专门的"电影院商店"购买。专卖店还提供了一款模仿考尔白在电影中佩戴的刘海饰品的复制品。该公司确信，这种发型与克利奥帕特拉的征服有很大关系，因此不能把她的秘密埋没在"古代历史"中。现代埃及女王的化身是伊丽莎白·泰勒（Elizabeth Taylor）在1963年上映的那部经典电影中的形象。与其他女演员不同的是，她按照人们想象的克利奥帕特拉的日常，诠释了她的私生活。在一系列关于埃及女王的漫画和电影中，《高卢英雄和克利奥帕特拉》（*Asterix und Kleopatra*）最为出名。

“商业”这个词绝不仅仅与新时代捆绑在一起。埃及女王死后，一套简称“克利奥帕特拉”的美容秘方流传了很长时间。这位不知名的作者凭借女性的好奇心，想要窥探王室化妆盒的秘密。通往现代广告的道路就是从这里开始规划的。一款名为“克利奥帕特拉”的肥皂也想在今天达到类似的效果，其配方中添加了治疗脱发的成分——毕竟克利奥帕特拉是秃头恺撒的情人，桑顿·怀尔德在一个场景中提供了这类素材。他笔下的恺撒整天东奔西跑时，头上涂满了蓝色的膏药，但是最终他安慰道，一个男人“要么有头发，要么有头脑，两者只能取其一”。这句话配得上克利奥帕特拉的聪明才智。

大事年表

克利奥帕特拉、托勒密十三世、托勒密十四世、托勒密十五世恺撒里昂执政年表

前 100 年	恺撒诞生。
前 83/ 前 82 年	安东尼诞生。
前 69 年	克利奥帕特拉诞生。
前 63 年	屋大维诞生。
前 58~ 前 49 年	恺撒在高卢。
前 58 年	托勒密十二世被逐出亚历山大港。
前 58~ 前 55 年	贝列尼凯四世统治埃及。
前 55 年	托勒密十二世重返王位。
前 52 年 9 月 5 日 ~ 前 51 年 9 月 4 日	托勒密十二世执政第三十年，克利奥帕特拉执政第一年。
前 51 年 2/3 月	托勒密十二世逝世，克利奥帕特拉登基。
前 51 年 9 月 5 日 ~	执政第二年。

前 50 年 9 月 4 日	
前 50 年 9 月 5 日～前 49 年 9 月 3 日	执政第三年（与托勒密十三世共同执政）。
前 49 年	恺撒跨越卢比孔河，内战开始，克利奥帕特拉被逐往东埃及。
前 49 年 9 月 4 日～前 48 年 9 月 3 日	执政第四年（与托勒密十三世共同执政）。
前 48 年	克利奥帕特拉被逐出埃及。
前 48 年 8 月 9 日	恺撒在法萨路战胜马格努斯·庞培。
前 48 年 9 月 4 日～前 47 年 9 月 2 日	执政第五年（与托勒密十三世共同执政）。
前 48 年 9 月 28 日	马格努斯·庞培遇刺。
前 48 年 10 月 1 日	恺撒在亚历山大港登陆。
前 47 年 3 月 27 日	托勒密十三世逝世，克利奥帕特拉和托勒密十四世登基。
前 47 年 4 月中旬	恺撒离开亚历山大港。
前 47 年 8 月 2 日	恺撒在塞拉取胜。
前 47 年 9 月 6 日	托勒密十五世恺撒里昂

	诞生。
前 47 年 9 月 3 日～前 46 年 9 月 2 日	执政第六年（与托勒密十四世共同执政）。
前 46 年 4 月 6 日	恺撒在塔普索斯取胜。
前 46 年	恺撒征服埃及。
前 46~前 44 年	克利奥帕特拉和托勒密十四世在罗马。
前 46 年 9 月 3 日～前 45 年 9 月 1 日	执政第七年（与托勒密十四世共同执政）。
前 45 年 3 月 17 日	恺撒在蒙达取胜。
前 45 年 9 月 2 日～前 44 年 8 月 31 日	执政第八年（与托勒密十四世、托勒密十五世恺撒里昂共同执政）。
前 44 月 3 月 15 日	恺撒遇刺。
前 44 年 7/8 月	托勒密十四世逝世，与托勒密十五世恺撒里昂共同执政。
前 44 年 9 月 1 日～前 43 年 8 月 31 日	执政第九年（与托勒密十五世恺撒里昂共同执政）。
前 43 年 4 月 21 日	穆提那战役。
前 43 年 9 月 1 日～	执政第十年（与托勒密

前42年8月31日	十五世恺撒里昂共同执政）。
前43年11月11日	安东尼、屋大维和雷必达结为三头同盟。
前42年9月1日～前41年8月31日	执政第十一年（与托勒密十五世恺撒里昂共同执政）。
前42年10月23日	卡西乌斯和布鲁图斯在腓立比战败。
前41年9月1日～前41年8月31日	执政第十二年（与托勒密十五世恺撒里昂共同执政）。
前40年	贝鲁西亚没落，富尔维娅逝世，《布仑地苏门协议》，安东尼与屋大维娅结婚，帕提亚人入侵叙利亚和小亚细亚。
前40年9月1日～前39年8月31日	执政第十三年（与托勒密十五世恺撒里昂共同执政）。
前39年	《米赛诺条约》。

前 39 年 9 月 1 日 ~ 前 38 年 8 月 31 日	执政第十四年（与托勒密十五世恺撒里昂共同执政）。
前 37 年	《塔兰托条约》，三头同盟延期五年，安东尼在东部开展土地改革。
前 38 年 9 月 1 日 ~ 前 37 年 8 月 31 日	执政第十五年（与托勒密十五世恺撒里昂共同执政）。
前 37 年 9 月 1 日 ~ 前 36 年 8 月 31 日	执政第十六年，与托勒密十五世恺撒里昂共同执政第一年。
前 36 年	阿格里帕战胜塞克斯图斯·庞培，安东尼发动帕提亚战役。
前 36 年 9 月 1 日 ~ 前 35 年 8 月 31 日	执政第十七年，与托勒密十五世恺撒里昂共同执政第二年。
前 35 年	塞克斯图斯·庞培遇刺。
前 35 年 9 月 1 日 ~ 前 34 年 8 月 31 日	执政第十八年，与托勒密十五世恺撒里昂共同

	执政第三年。
前34年	屋大维在达尔马提亚战斗，安东尼发动对亚美尼亚的战争，亚历山大港开展土地改革，克利奥帕特拉成为“众王之女王”。
前34年9月1日~前33年8月31日	执政第十九年，与托勒密十五世恺撒里昂共同执政第四年。
前33年9月1日~前32年8月31日	执政第二十年，与托勒密十五世恺撒里昂共同执政第五年。
前32年	执政官和众多元老院议员离开罗马加入安东尼阵营，屋大维向克利奥帕特拉宣战。
前32年9月1日~前31年8月31日	执政第二十一年，与托勒密十五世恺撒里昂共同执政第六年。
前31年9月1日~	执政第二十二年，与托

前 30 年 8 月 31 日	勒密十五世恺撒里昂共同执政第七年。
前 31 年 9 月 2 日	阿克提姆战役。
前 30 年 8 月 1 日	屋大维到亚历山大港，安东尼自尽。
前 30 年 8 月 10 日（？）	克利奥帕特拉逝世。
前 29 年 8 月 13~15 日	屋大维三次胜利。

文献综述

此处不对关于克利奥帕特拉的众多虚构作品进行概述。

整体概述

Adolf Stahr, *Kleopatra*, Berlin (2) 1879 第一次以书面形式为克利奥帕特拉进行"荣誉平反"。这是一次充满激情的还原，驳斥了那个时代诗人、画家以及历史学家所描绘的轻浮而叛逆的女性形象。

"*The House of Ptolemy. A History of Egypt under the Ptolemaic Dynasty*" von Edwin Bevan, Chicago 1927 (Nachdruck 1968), 359~384 这一章节为我们提供了有关克利奥帕特拉时代的很好的概述。

Oskar von Wertheimer 关于克利奥帕特拉

的书可能是德语读者圈中流传最广的一本。该书于1930年在维也纳首次出版，书名为《克利奥帕特拉》。它在重印时改了几次副标题："克利奥帕特拉：尼罗河女王"，"克利奥帕特拉：世界历史上最聪明的女人"。作者把女王的成功建立在她的美丽和爱之上，恺撒和安东尼则完全受其支配。他的作品游走在历史重现和虚构小说之间。

William Woodthorpe Tarn – Martin Percival Charlesworth, *Octavian, Antonius und Kleopatra*, München 1967是对1934年《剑桥古代史》相应章节的翻译，描述了三头同盟的冲突，此著作虽只是对克利奥帕特拉偶然提及，却超越了古籍资料的片面性。

Emil Ludwig, *Cleopatra*, Amsterdam – London 1938一文虽然在历史上站不住脚，但值得一读，它用诗意的想象力将普鲁塔克的记载重新演绎。

Hans Volkmann, *Kleopatra. Politik und Propaganda*, München 1953这部研究著作呈现了克利奥帕特拉和她的时代，无论是内容还是

形式，都是现代历史研究中的最佳。然而，比起埃及艳后，屋大维和他的煽动手段更是人们关注的焦点。读者还可以在此著作中找到详细的出处和文献列表。

Arthur Weigall, *The Life and Times of Cleopatra Queen of Egypt. A Study in the Origin of the Roman Empire*, Philadelphia 1924（Nachdruck New York 1968）将克利奥帕特拉描述为一个独立的统治者和政治家，而将安东尼描述为一个傀儡。他一方面低估了罗马三头同盟的品格，另一方面又高估了埃及艳后行动的可能性。

Lindsay, *Cleopatra*, London 1971 这本书的描述非常详细，通过埃及、恺撒、内战、文学等众多话题将克利奥帕特拉的故事嵌入时代背景。德语版为 *Kleopatra. Eine Frau und eine Epoche*, Düsseldorf - Köln 1972，与原版相比删减了一些关于同时代事件的重要的段落，尤其是注释部分。

Michael Grant 的克利奥帕特拉专著有好几个英文和德文版本，其中包括 1981 年出版于贝里吉斯－格拉德巴赫的版本，他在描述这位希腊—埃及统治者时并没有屈服于罗马的主流宣传。他强调了东方的独立，这之后在拜占庭帝国的漫长统治历史中得到了证明。

最详细的描述来自 C. Schäfer，*Kleopatra*（*Gestalten der Antike*）Darmstadt 2006。

专题视角

关于克利奥帕特拉统治的最初几年，参见 Heinz Heinen，*Rom und Ägypten von 51 bis 47 v. Chr. Untersuchungen zur Regierungszeit der 7. Kleopatra und des 13. Ptolemäers*，Tübingen 1966。

Werner Huss 撰有专题论文“Die Herkunft der Kleopatra Philopator”，*Aegyptus* 70，1990，191-203。

铸币肖像的不同设计，如按照父王要求的亚历山大式和按照安东尼要求的叙利亚式，可参见 Robert Fleischer，*Kleopatra Philantonios*，*Istanbuler Mitteilungen* 46.1996，237-240。

Heinz Heinen，*Cäsar und Kaisarion*，*Historia* 18，1969，181-203 为恺撒是恺撒里昂

的生父提供了令人信服的论据。

有关恺撒驻留亚历山大港的讨论，参见 Louis E. Lord，*The Date of Julius Caesar's Departure from Alexandria*，*Journal of Roman Studies* 28，1938，19-40。

Berthold L. Ullman, "Cleopatra's Pearls"，*Classical Journal* 52，1957，193-201，以化学家的视角对克利奥帕特拉的珍珠作出探讨。

关于安东尼和克利奥帕特拉可能结婚的问题，参见 Alvaro d'Ors，*Cleopatra uxor de Marco Antonio?*，*Anuario de Derecho Espanol* 49，1979，639-642，该文反对这样的假设。

Johannes Kromayer 为研究屋大维同安东尼和克利奥帕特拉之间的军事冲突提供了最好的基础：*Kleine Forschungen zur Geschichte des zweiten Triumvirats VI：Die Vorgeschichte des Krieges von Actium*，*Hermes* 33，1898，13-70；*VII：Der Feldzug von Actium und der sogenannte Verrath der Cleopatra*，*Hermes* 34，1899，1-54；*Actium.Ein Epilog*，*Hermes* 68，1933，361-383。

Ilse Becher, *Das Bild der Kleopatra in der griechischen und lateinischen Literatur*, Berlin 1966 根据不同的主题编排，涉及古代作家和他们对克利奥帕特拉的陈述。

关于企图自杀的内容，参见 D. Mebs - C. Schäfer, *Kleopatra und der Kobrabiß - das Ende eines Mythos?*, *Klio* 90, 2, 2008, 347-359，该文认为服用植物毒汁是最可能的自杀方式。

Mary Hamer, *Signs of Cleopatra*, London 1993 强调克利奥帕特拉在不同时代对女性角色的象征。作者解读了书中的插图，比如薄伽丘的作品、提埃波罗或德拉克洛瓦的画作，以及现代电影。

Lucy Hughes-Hallett 以知识性和娱乐性的视角分析了克利奥帕特拉的接受史，参见 *Cleopatra. Histories, Dreams and Distortions*, London 1990。作者展现了克利奥帕特拉在诗歌、绘画和电影中的多重形象——情人、女人、女王、杀人犯、外域者。

Cleopatra of Egypt. From history to myth,

hrsg.v.S.Walker-P.Higgs，London 2001 这本书是克利奥帕特拉国际展览的随附科学出版物，书中有关于克利奥帕特拉接受史的精彩章节。

图片来源

图1、2、3：Zeichnung von Gertrud Seidensticker；

图 4：Eduard Gerhard（Hrsg.），bearbeitet von Gustav Körte，Etruskische Spiegel，Berlin 1884/97，Band 5，Taf. 18；

图5：Bildarchiv Foto Marburg；

图6：British Library，London；

图7：Staatliche Museen Kassel（Ausschnitt）。

索　引

（此部分页码为德文版页码，即本书页边码。）

作者简介

曼弗雷德·克劳斯（Manfred Clauss）生于1945年，在法兰克福歌德大学担任古代史教授，以大量关于古代世界的国家、社会和宗教的作品著称。

译者简介

王瑞琪，女，1992年生，江苏南京人，南京大学德语语言文学硕士、哥廷根大学跨文化日耳曼文学硕士。目前为译林出版社德语编辑。翻译作品有《极简工作》《我的身体》。

图书在版编目（CIP）数据

埃及艳后：克利奥帕特拉 / (德) 曼弗雷德 · 克劳斯著；王瑞琪译. -- 北京：社会科学文献出版社，2021.6

（生而为王：全13册）

ISBN 978-7-5201-8346-8

Ⅰ. ①埃… Ⅱ. ①曼… ②王… Ⅲ. ①克利奥帕特拉七世(Kleopatra Ⅶ 前69-前30)-传记 Ⅳ. ①K834.117=2

中国版本图书馆CIP数据核字（2021）第092707号

生而为王：全13册

埃及艳后：克利奥帕特拉

著　　者 / ［德］曼弗雷德 · 克劳斯

译　　者 / 王瑞琪

出 版 人 / 王利民

组稿编辑 / 段其刚

责任编辑 / 周方茹

文稿编辑 / 韩宜儒　陈嘉瑜

出　　版 / 社会科学文献出版社 · 联合出版中心（010）59367151

地址：北京市北三环中路甲29号院华龙大厦　邮编：100029

网址：www.ssap.com.cn

发　　行 / 市场营销中心（010）59367081　59367083

印　　装 / 北京盛通印刷股份有限公司

规　　格 / 开　本：889mm×1194mm 1/32

本册印张：6　本册字数：84千字

版　　次 / 2021年6月第1版　2021年6月第1次印刷

书　　号 / ISBN 978-7-5201-8346-8

著作权合同登记号 / 图字01-2019-3615号

定　　价 / 498.00元（全13册）